Lan
und
Leute

Land und Leute

AN INTERMEDIATE ACTIVITIES READER

Gertrud B. Schuback
Arizona State University, Tempe, Arizona

Wayne M. Senner
Arizona State University, Tempe, Arizona

Christine L. Senner

RANDOM HOUSE • NEW YORK

This book was developed for Random House by Eirik Børve, Inc.

First Edition

9 8 7 6 5 4 3 2 1

Library of Congress Cataloging in Publication Data
Schuback, Gertrud B.
Land und Leute.

1. German language—Readers—Germany. 2. German language—Text-books for the foreign speakers—English. I. Senner, Wayne M. II. Senner, Christine L. III. Title.
PF3127.G5S38 1985 438.6'421 84-27601
ISBN 0-394-33122-2

Manufactured in the United States of America

Text and cover design: Naomi Schiff
Cover photo: Peter Menzel
Production: Julia Chitwood, Bookman Productions

Grateful acknowledgment is made for use of the following material—**Cartoons and realia: Page 2, 12–13, 26, 37–38, 48–49, 80–81, 96** Ernst Volland, *Fred und sein Sohn,* Rowohlt Taschenbuch Verlag, 1978; **4, 5** (middle & lower) *Mut zur Zukunft,* Presse- und Informationsamt der Bundesregierung, Bonn, 1981; **7, 8, 10, 11, 15, 16, 20, 24, 50, 51, 52, 54–57, 60, 72, 73, 78, 79, 84, 88, 94, 101** Gerhard Seyfried, *Wo soll das alles enden?,* Rotbuch Verlag, 1979; **14, 44, 51, 53, 68, 71** Peter Neugebauer, *Neugebauers Neurosen,* Ein Stern-Buch, Gruner & Jahr, 1980; **18, 20, 22, 27, 28** *Die Familie,* Beltz Verlag, 1976; **21** *Die Frau,* Beltz Verlag, 1975; **25, 135** *PZ* (Dec. 1982), Bundeszentrale für politische Bildung, Bonn; **30, 31, 39, 66** (middle), **76, 89, 92, 109, 127** *Jugendscala,* Frankfurter Societäts-Druckerei, Frankfurt; **29** (Terence Parkes), **32** (Günther Canzler), & **70–71** (Jack Tippit) in *Witzbuch für Kinder,* Otto Maier Verlag, 1977; **32, 90** Marie Marcks, *Schöne Aussichten,* Elefanten Press Verlag, 1980; **41** Marie Marcks, *Krümm dich beseiten,* Quelle u. Meyer Verlag; **43, 119** (middle) *Tatsachen über Deutschland,* Bertelsmann Lexikothek Verlag, 1979; **55** (middle) *Das Büch der tausend Wahrheiten,* Christliche Arbeiter-Jugend, Essen, 1980; **62** Ernst Volland, *Pardon,* 1982, Hamburg; **65, 66** (upper), **68** (middle) Fritz Pohl, Essener Woche Programm (Aug. 1980), Verkehrsamt Essen; **128** (Westinghouse), **129, 131** (Schönberg), **132** (upper four) *300 Years of Germans in America,* Baltimore: Heinz Moos, 1982; **79** *Roter Kalender 1982,* Rotbuch Verlag, 1981; **93** *Die Unschuld von Bonn,* Rotbuch Verlag, 1976; **97, 106** *German Holidays and Folk Customs,* Atlantik-Brücke; **41** (upper), **68** (lower), **74, 98, 99, 100** Verlag Horst Deike, Konstanz; **40, 51** (middle), **53, 98** *Langenscheidts Sprachillustrierte,* Globus, Hamburg; **111, 112** (upper), **113** (upper, lower right), **117** *Simplicissimus,* Simplicissimus-Verlag, München; **112** *The Whites of Their Eyes,* E. P. Dutton, 1962; **113** (lower left) *Geschichte der europaischen Karikatur,* Deutscher Verlag der Wissenschaften, Berlin, 1976; **116** (lower left & right) *Illustrierte Geschichte des Widerstands in Deutschland und Europa 1933–1945,* Südwest Verlag, 1966; **124** (right) Smithsonian Institution, Washington, D.C., **126, 128** (upper) *Germans to America,* Institute for Foreign Cultural Relations, Bonn, 1982; **114, 115, 116** *Simplicissimus: Eine satirische Zeitschrift 1896–1944,* München: Ausstellungsleitung Haus der Kunst, 1977; **129** (Schurz), **131** (Twain, Einstein), **132** (von Braun), **133** *Zweihundert Jahre deutsch-amerikanische Beziehungen,* Heinz Moos Verlag, 1982; **69** *Stern,* (June 23, 1983), Gruner & Jahr, Hamburg. **Photos: Page 83** German Information Center; **84** Friesem, Monkmeyer; **85** (top) Fritz Henle, Photo Researchers Inc., (bottom) German Information Center; **86** (left) Christa Armstrong, (right) © Klaus D. Francke, Peter Arnold; **103** Kay Reese & Assoc.; **104** © June Lundborg Whitworth 1984; **105** © Horst Schäfer, Peter Arnold; **124** © Werner Müller, Peter Arnold.

Inhaltsverzeichnis

Foreword

Land und Leute is an activities-oriented reader designed for students of German at the intermediate level. It can easily be used in combination with conventional readers and grammar texts and will fit well into courses structured to enhance the conversational aspect of language learning. Our primary goal in creating *Land und Leute* was to present an interdependent series of visuals and narrative texts, exercises, and activities that would aid students in developing the reading, writing, and conversational skills necessary to deal with topics of high personal interest among German and American youth of today. *Land and Leute* does not make use of pattern drills or grammatical exercises; instead, it endeavors to make students independent of the crutch of highly structured activities and to help them create personalized responses to current issues and to find meaningful solutions to the problems presented in the activities. Students are encouraged to express themselves without the intimidating fear of occasional mistakes; instructors are urged to seek unique ways to use the many visuals to generate additional activities appropriate to the special characteristics of their classes.

Instructors should be aware that *Land and Leute* will not "teach itself." Instead it provides considerable flexibility for instructors to innovate and even restructure the materials in the chapters. Whether the activities should be carried out in large or small groups, or on the basis of individualized or independent study, should not be dictated by the instructions suggested at the beginning of the exercises and activities. The sole criterion is what works best in the classroom!

Most of the ten chapters in *Land und Leute* have four basic sections: 1) a general introduction to the chapter topic and a comic strip which focuses on that theme and develops the vocabulary necessary to engage in discussions of the chapter topic; 2) facts and opinions (in later chapters there are often subdivisions of this section) which present visuals, graphs, results of polls in Germany, and the opinions of German youth, followed by further vocabulary building and a greater emphasis on oral discussion; 3) a final activities section which also stresses debate; and 4) a section devoted to a practical writing activity related to the theme of the chapter. Special efforts have been made to recycle the vocabulary throughout each chapter to enable students to use it more freely in the activities. Instructors and students will note that, the further they progress in *Land und*

Leute, the less structured the activities are and the longer the narrative texts. In each *Schlußaktivitäten* section we have included a functional-notional list of rhetorical devices called the *Redemittelliste* to aid students in structuring their statements.

We hope that instructors will not object to the occasional use of colloquial German in the comic strips and in the sections containing opinions of German youth. We obtained many of these opinions in street interviews, and in certain instances we felt it necessary to edit some of the statements. We also hope that no one is offended by the fact that most of the comic strips deal with a father (Fred) and his son. We looked far and wide for comic strips with different family constellations but found nothing suitable. Why there is no woman in "Fred's" life will become evident very early in the book. The differences between father and son provide a humorous backdrop for the basic thrust of *Land und Leute*: the dualism of the pro and con sides of all meaningful issues that interest the youth of today. This same dualism is also reflected in the chapter titles (e.g. *Energie und Umwelt, Kinder und Eltern, Frieden und Krieg*) and is intended to encourage students to take sides, express their own ideas, and defend them in debate.

Finally, we hope that instructors and students will take time to study the many cartoons, photos, drawings, and realia in *Land und Leute.* Sometimes they are the object of activities or exercises, and at other times they serve to enhance or even contradict the situation being described. In addition, they can become the sources for a number of potential questions and discussions.

ACKNOWLEDGMENTS

We wish to offer our gratitude to the students of Arizona State University who graciously allowed us to try out materials on them. They helped make this a better book.

Without Lillian Pennington of the *Modern Language Journal, Land und Leute* would simply not exist in its present form. Her innumerable suggestions, changes, and criticisms became the fulcrum of the final structure and of the ultimate viability of *Land und Leute.* All authors should be fortunate enough to have such an editor!

Finally, we would like to thank the Goethe Institut for inviting C. L. Senner and W. M. Senner to attend the Wiesneck seminar near Freiburg in the summer of 1981. Although conditioned by personal tragedy, our experiences at the seminar formed the initial inspiration for the making of *Land und Leute.*

REDEMITTELLISTE

Land und Leute introduces a *Redemittelliste*, a functional-notional apparatus designed to facilitate students' ability to formulate statements and responses in discussions and debate activities. Here the list is offered in its entirety, with translations where necessary. Each chapter repeats, with variations and without translation, one or two examples from each category. The idea behind the *Redemittelliste* is to provide students with some linguistic examples of how to assert and oppose opinions, how to agree or disagree, how to ask for clarification, and, as many people engaged in discussions often find helpful, how to gain time to reconsider what to say. Examples from the *Redemittelliste* are always offered in the *Schlußaktivitäten*, but students are encouraged to apply these devices to the other activities and to expand them with their own variations and examples.

DEVICES	TRANSLATION
A. *Behaupten*	*Asserting*
Ich/glaube .../daß ...	
meine ...	
denke ...	
stelle mir vor ...	I imagine that . . .
bin der Ansicht ...	I am of the viewpoint, opinion . . .
bin der Meinung ...	
möchte jetzt deutlich sagen ...	I now would like to clearly state . . .
B. *Widersprechen*	*Contradicting, opposing*
Nein, so doch nicht.	No, it's not that way at all.
So kann man das eigentlich nicht sagen.	
Das ist doch aus der Luft gegriffen.	That's totally exaggerated.
Das ist doch einfach nicht wahr.	That's simply not true.
Im Prinzip hast du Recht, aber ...	In principle you are right, but . . .
C. *Zeit zum Nachdenken gewinnen*	*Gaining time to reflect*
Eigentlich ...	Actually . . .
Wenn du mich fragst ...	If you're asking me . . .

1 Energie und Umwelt

EINFÜHRUNG UND BILDGESCHICHTE

Lesen Sie die Einführung und die Bildgeschichte, und machen Sie dann die darauffolgenden (*following*) Übungen.

A. EINFÜHRUNG

Das Energieproblem in Deutschland

Der immer größer werdende Energieverbrauch° der Welt und die verschwindenden° Rohstoffe° erhöhen° in Deutschland das Interesse an Energiequellen.° Von allen Seiten diskutiert man lebhaft dieses Problem: Wie kann man den Energiebedarf° des täglichen Lebens und der Industrie decken,° ohne die Luft- und Umweltverschmutzung° zu steigern°? Eine Lösung,° die besonders viele Fragen anregt,° ist das Atomkraftwerk.° Manche halten es für gefährlich,° und manche halten es für notwendig.° Allerdings stellt° man sich heute Fragen wie:

Wie groß ist die Gefahr von Unfällen° bei Atomkraftwerken?
Welche Alternativen gibt es?
Welche Wirkung° haben die Atomkraftwerke auf die Menschheit und die Umwelt?

Das sind einige Fragen, die wir auf den nächsten Seiten besprechen werden, und die auch dem Thema der folgenden Bildgeschichte zugrundeliegen.°

der Verbrauch: *consumption*
disappearing / raw materials / raise
die Quelle: *source*
der Bedarf: *need*
to cover / environmental pollution / to increase
solution / stimulates / atomic power plant
dangerous / necessary
sich eine Frage stellen: *to put a question to one's self*
accidents
effect
are the basis of

B. BILDGESCHICHTE
Naturfreunde

richtig: *really*
atmen: *to breathe*

stolz auf: *proud of*

frei: *free*
wie: *as*

bauen: *to build*
die Regierung: *government*
zum Wohl: *for the benefit*
der Bürger: *of the citizens*

ÜBUNGEN

A. Wortschatzübung: Synonyme. Ersetzen (*replace*) Sie in der folgenden Übung die kursivgedruckten Wörter durch ein Synonym aus der folgenden Liste.

beeinflussen	betrachten als
aufbrauchen	brauchen

1. Wir dürfen nicht alle Energiequellen *verbrauchen.*
2. Wir *bedürfen* (mit Genitiv) einer neuen Lösung unserer Energieprobleme.
3. Ich *halte* die Atomkraftwerke *für* notwendig.
4. Wie *wirkt* diese Energiequelle *auf* unser Leben?

B. Wortschatzübung: Wortfamilien. Setzen (einsetzen: *to insert*) Sie in den folgenden Sätzen ein Verb oder Adjektiv ein, das in die Familie des kursivgedruckten Wortes gehört.

1. Der Energie*verbrauch* wird immer größer.
   Unser Auto _____ (*uses up*) zuviel.
2. Wie kann man den alltäglichen Energie*bedarf* decken?
   Unsere Gesellschaft (*society*) _____ (*is in need of*) heute mehr Atomkraftwerke.

*„Von der Maas bis an die Memel" is from the „Lied der Deutschen" (national anthem) by Hoffmann von Fallersleben. It implies the early cultural aspirations for a united Germany that took on political, nationalistic overtones in the early twentieth century. The two rivers marked the boundaries of outreaches of German culture into Belgium and what is now the Soviet Union.

3. Eine *Lösung* des Energiebedarfs ist das Atomkraftwerk.
   Wie können wir das Energieproblem ____ (*solve*)?
4. Wir wollen die Luft*verschmutzung* nicht steigern.
   Wir wollen die Luft nicht ____ (*pollute*).
5. Ist *die Gefahr* von Unfällen bei Atomkraftwerken groß?
   Manche halten Atomkraftwerke für ____ (*dangerous*).
6. Das Energie*problem* in Deutschland diskutiert man von allen Seiten.
   Manche Energiequellen sind ____ (*problematic*).
7. Welche *Wirkung* hat diese Energiequelle auf unsere Umwelt?
   Wie ____ (*effect*) diese Energiequelle auf unsere Umwelt?

C. Fragen über die Einführung

1. Warum interessiert man sich besonders jetzt in Deutschland für Energiequellen?
2. Welche Lösung hat viele Fragen angeregt?
3. Welche Fragen stellt man sich über Atomkraftwerke?

D. Fragen über die Bildgeschichte

1. Wo sind Vater und Sohn, und was suchen sie da?
2. Warum ist der Vater stolz auf Deutschland?
3. Was macht die Regierung jetzt mit diesem schönen Land?
4. Was ist das Thema der Bildgeschichte? Formulieren Sie Ihre eigenen Antworten mit Hilfe der folgenden Stichwortliste.

der Konflikt zwischen	die freie Natur
der Stolz auf	das Vaterland
das Gefühl von	das Atomkraftwerk
der Energiebedarf	die Regierung
der Energieverbrauch	der Fortschritt (*progress*)
die Technologie	Oder?

FAKTEN UND MEINUNGEN

A. FAKTEN

Was sind die Energieziele° der Bundesrepublik?

das Ziel: *goal*

Ohne Energie kann es in Deutschland keine wirtschaftliche° und soziale Stabilität und auch kein industrielles Wachstum° geben. Seit den Ölpreisexplosionen in den siebziger Jahren° sind aber die Energieziele der Bundesrepublik anders° geworden. Man will:

economic
growth
the seventies
different

1. unabhängiger° vom Öl werden — *more independent*
2. mehr Kohle verbrauchen
3. Kernenergie° entwickeln° — *nuclear energy / to develop*
4. erneubare° Energien einführen — *renewable*

ÜBUNGEN UND AKTIVITÄTEN

A. Wortschatzübung. Setzen Sie die richtigen deutschen Wörter ein.

1. Energie ist ____ (*necessary*) für ____ (*economic*) und ____ (*social*) Stabilität in Deutschland.
2. Die Deutschen wollen mehr ____ (*coal*) ____ (*use*).
3. Man versucht auch, mehr ____ (*nuclear power plants*) zu bauen.
4. Man ____ (*is in need of*) auch ____ (*renewable*) Energien.

B. Energieziele in den USA. Bilden Sie kleine Gruppen, und besprechen Sie die Frage: Was sind die Energieziele der USA, und welche halten Sie für wichtig? Welche Antworten und Gründe hat die Klasse am meisten erwähnt? Schreiben Sie die Liste an die Tafel.

C. Ein Vergleich: Energieziele der Bundesrepublik und der USA. Vergleichen Sie die Energieziele der USA mit den Zielen der BRD. Sind diese Energieziele gleich? Warum oder warum nicht?

B. WEITERE FAKTEN

Sehen Sie sich die folgenden Bilder an und beantworten Sie dann die darauffolgenden Fragen.

1. Wie sieht der Ölverbrauch seit 1960 in Deutschland aus (aussehen: *to look*)?
2. Wie hoch ist der Energieprozentsatz (der Prozentsatz: *percentage*) von Erdöl?

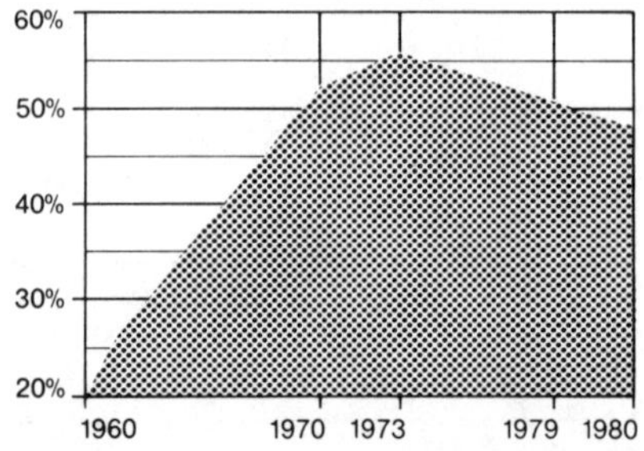

3. Wie lange werden die Deutschen noch Öl, Erdgas und Kohle haben*?

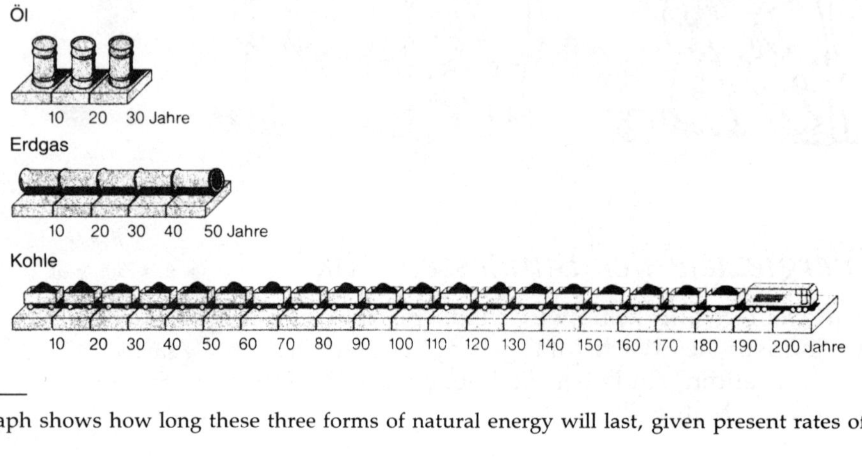

*The graph shows how long these three forms of natural energy will last, given present rates of consumption.

4. Wie verbraucht die Bundesrepublik Energien?

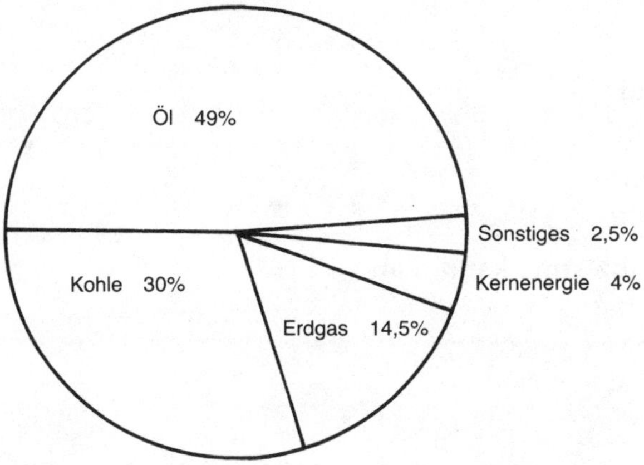

5. Was sind neue Entwicklungen, die mit Energie zu tun haben?

Windenergie

Kraftwerkabwärme° *heat produced by a power plant*

Solarenergie

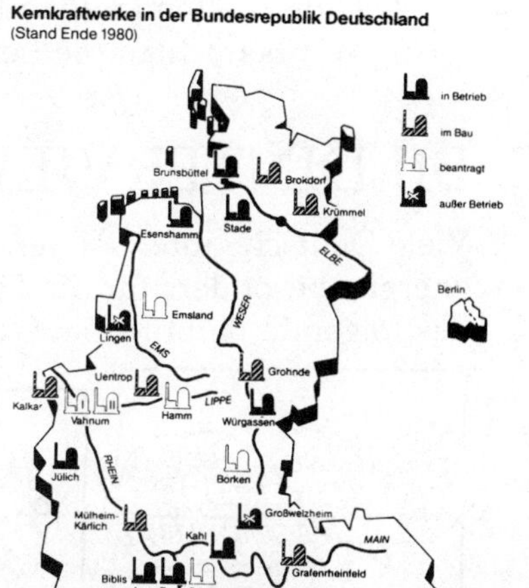

Kernenergie

ÜBUNGEN UND AKTIVITÄTEN

A. Wählen Sie die beste Antwort.

1. In fünfzig Jahren wird für Deutschland
   a. Öl von größerer Bedeutung sein
   b. Kohle von größerer Bedeutung sein
   c. Erdgas von größerer Bedeutung sein
2. Durch die Energie von der Kraftwerkabwärme kann man
   a. Gewächshäuser (*hothouses*) heizen
   b. Gewächshäuser bauen
   c. Gewächshäuser abkühlen
3. Der Windenergiekonverter ist ein(e)
   a. Windmühle
   b. Windmesser
   c. Windkraftwerk
4. In der Bundesrepublik sind die meisten Kernkraftwerke
   a. im Bau
   b. außer Betrieb (*operation*)
   c. in Betrieb

B. Was sind die größten Energieprobleme in Amerika? Bilden Sie kleine Gruppen, und besprechen Sie mit Hilfe des schon eingeführten Vokabulars die folgenden Fragen. Besprechen Sie dann mit der ganzen Klasse Ihre Antworten und Lösungen.

1. Welche Energieprobleme gibt es in Ihrer Gegend (*area*)?
2. Welche Energiequellen gibt es bei Ihnen? Öl, Kohle, Erdgas, oder ...?
3. Welche Energiequellen sind jetzt wichtig, und welche versprechen mehr für die Zukunft (*future*)?
4. Welche Lösungen zum Problem des Energiebedarfs hat man bei Ihnen gefunden?
5. Was sind die Ursachen (*causes*) für den größer werdenden Energieverbrauch bei Ihnen?
6. Wie löst man das Problem der Luftverschmutzung bei Ihnen?
7. Gibt es Atomkraftwerke in Ihrem Heimatstaat (*home state*)?
8. Wie betrachten die Leute dort die Atomkraftwerke? Und Sie?

C. BILDINTERVIEW

Viele Deutsche interessieren sich jetzt sehr für die Probleme der Kernenergie, besonders für die Frage: Sind Atomkraftwerke sicher°? Lesen Sie das folgende Bildinterview, und beantworten Sie die Fragen darüber.

safe

störungsfrei: *trouble-free* WDR (Westdeutscher Rundfunk): *West German Radio*

1. Wo stehen der Reporter und der Minister?
   a. Vor einem Atomkraftwerk.
   b. Vor einem Gewächshaus.
   c. Vor einer Windmühle.
2. Was sagt der Minister im ersten Bild?
   a. Die Atomkraftwerke sind gefährlich.
   b. Die Atomkraftwerke sind außer Betrieb.
   c. Die Atomkraftwerke sind absolut sicher.
3. Was passiert im zweiten Bild?
   a. Das Atomkraftwerk arbeitet störungsfrei.
   b. Das Atomkraftwerk geht kaputt.
   c. Der Minister sagt, „Pffft!"
4. Warum lächelt der Reporter im dritten Bild?
   a. Er lächelt, weil der Minister „Pffft" sagt.
   b. Das Atomkraftwerk ist jetzt kaputt.
   c. Das zweite Bild zeigt, daß der Minister nicht die Wahrheit sagt.
5. Warum lächelt der Minister wieder im vierten Bild?
   a. Er lächelt, weil er die Wahrheit sagt.
   b. Er meint, daß das Atomkraftwerk nicht kaputt ist.
   c. Er weiß, daß die Radiozuhörer (die Zuhörer: *listeners*) das Atomkraftwerk nicht sehen können.

D. MEINUNGEN

Was halten deutsche Jugendliche von der Problematik der Atomkraftwerke? Lesen Sie die folgenden Interviews, und drücken° Sie dann Ihre Meinungen darüber aus.

ausdrücken: *to express*

WERNER SISCH, 19: Ja, einerseits° bin ich dafür, weil ich nicht im Dunkeln° sitzen möchte. Aber andererseits° besteht° eine Gefahr° dabei.

on the one hand
im ...: *in the dark / on the other hand*
exists / danger

der Flimmer: *flicker*

EVA GELB, 23: Ich halte sie für gefährlich und bin dagegen. Solange das eben nicht hundert Prozent sicher ist, und das kann es nie sein, weil auch eben der menschliche Faktor da mitspielt. Ich meine, man liest es ja täglich in der Zeitung, daß da irgendein° kleiner Unfall° ist.

some
accident

STEPHAN WINDFANG, 21: Ich glaube schon, daß man um Atomenergie nicht herumkommt.° Aber ich glaube auch, daß so wie sie im Moment ist, die Technik, daß es mal° nicht weit genug ist, daß viel zu große Gefahren dabei sind, und daß man lieber noch weiter experimentieren sollte, bevor man das im großen Stil° ausführt,° weil sonst die Belastung° für die Umwelt viel zu groß ist.

herumkommen: *to get around*
just
im ...: *on a large scale*
carries out / burden

ERNST RODER, 18: Ich bin auf jeden Fall° der Meinung, daß wir Atomkraftwerke brauchen. Vielleicht jetzt noch nicht, aber jedenfalls° in absehbarer° Zeit, und es ist ganz klar, daß jede Entwicklung ihre Zeit bekommen muß. Es ist genau so, wie man z.B.° damals gegen das Auto irgendwie° in früheren Zeiten protestiert hat. Ich meine, daß uns Atomkraftwerke nötig° sind, um die Energien, die wir täglich brauchen, zur Verfügung zu stellen.°

auf ...: *at any rate*
in any case / not so distant
z.B. (zum Beispiel): *for example*
somehow
necessary
zur Verfügung stellen: *to place at one's disposal*

AKTIVITÄT

Mit wem stimmen Sie überein°? Drücken Sie sich mit Hilfe der Stichwortliste aus. Erklären Sie der Klasse Ihre Wahl. Mit wem stimmen die meisten Studenten in der Klasse überein? Ein Student/eine Studentin zählt die Antworten für die Klasse auf.°

übereinstimmen: *to agree*
aufzählen: *to tally*

Ich stimme mit _____ überein, denn (ich/man/wir) __________.

Werner Sisch	wollen / nicht / im Dunkeln
Eva Gelb	halten für / gefährlich
Stephan Windfang	weiter / experimentieren
Ernst Roder	Atomkraftwerke / brauchen
	Oder?

SCHLUSSAKTIVITÄTEN

A. Drücken Sie Ihre Meinung aus. Reagieren Sie auf die Situationen, die im folgenden beschrieben (beschreiben: *to describe*) werden, mit einem der Ausdrücke unter **Reaktion.** Begründen Sie Ihre Reaktion mit Hilfe der Stichwortliste unter **Begründung** oder mit eigenen Antworten. Gebrauchen Sie Modalverben (z.B. müssen, dürfen, wollen), wenn Sie es für notwendig halten.

REAKTION

Ich finde das gut, denn ...
Ich finde das schlecht, denn ...
Das glaube ich (nicht), denn ...
Das ärgert mich, denn ...
Das freut mich, denn ...
Das gefällt mir, denn ...
Das ist mir egal, denn ...

BEGRÜNDUNG

VERBEN	ADJEKTIVE UND ADVERBIEN	SUBSTANTIVE
halten für	sicher	die Energiequelle
betrachten als	gefährlich	die Atomkraftwerke
bedürfen (Gen.)	zu viel	die Natur
brauchen	problematisch	die Umwelt
verbrauchen	frei	die Luft
verschmutzen	bald	
lösen	notwendig	
wirken auf (Akk.)	mehr	
	erneubar	

SITUATIONEN

1. Sie lesen in der Zeitung, daß man bald nicht weit von Ihrem Haus ein Atomkraftwerk baut.
2. Morgen müssen Sie zweimal so viel für Benzin° zahlen. *gas*
3. Die Regierung in den USA plant, daß man in den USA in naher Zukunft viel mehr Kohle verbrauchen soll.
4. Sie hören im Radio, daß man die Technik der Kernenergie nicht weiter entwickeln will.
5. Sie hören, daß Ihr Nachbar in seinem Garten einen Windenergiekonverter baut.
6. Auf dem Weg in die Schule sehen Sie eine Studentendemonstration gegen Kernkraftwerke.

7. Sie fahren aufs Land und wollen mit Ihren Freunden ein Picknick am See genießen.° Ein Kilometer vor dem See ist aber die Straße wegen Baues° eines Kernkraftwerks gesperrt.°

enjoy

wegen ...: *due to the construction of / blocked*

B. Welche Energie würden Sie wählen? Nehmen Sie Stellung (Stellung nehmen: *to take a position*) zu dieser Frage. Erklären Sie einem anderen Studenten Ihre Antwort. Der andere Student muß einen Nachteil dieser Energie angeben. Besprechen Sie dann in der Klasse alle Vorteile und Nachteile, die Sie gefunden haben.

BEISPIEL

STUDENT A: Ich würde Solarenergie wählen, denn diese Energie ist erneubar.

STUDENT B: Ich würde Solarenergie *nicht* wählen, denn die Sonne scheint nicht immer.

Benutzen Sie für Ihre Antworten die Liste der Energiearten und die Stichwortliste.

Ich würde _____ wählen, denn _________.

Kernenergie	sauber°	*clean*
Solarenergie	billig	
Windenergie	ungefährlich	
Ölenergie	erneubar	
Kraftwerkenergie	immer Sonne	
Kohleenergie	immer Wind	
Oder?	viel davon	
	die Technik / entwickeln	
	Jobs / davon abhängig	
	wirtschaftliche Stabilität / abhängig	
	Umwelt schützen°	*protect*
	von anderen Ländern / unabhängig	

C. Gruppendebatte. Bilden Sie kleine Gruppen, und gebrauchen Sie die folgenden (oder andere) Argumente für oder gegen Atomkraftwerke. Versuchen Sie dabei, Ausdrücke aus der Redemittelliste zu verwenden (*employ*).

1. Behaupten:

   Ich glaube, daß ...
   Ich meine, daß ...

2. Widersprechen:

   Nein, so doch nicht.
   Nein, so keinesfalls.

3. Zeit zum Nachdenken gewinnen:

   Moment mal ...
   Warte mal ...

4. Nachfragen:

   Wie bitte?
   Wirklich?

5. Zustimmen:

   Richtig!
   Ganz recht!

Ich bin für Atomkraftwerke, denn ...

brauchen / mehr Energie
Ölpreise / immer höher
nicht genug Kohle
die Technik der Solarenergie (Windenergie) / nicht entwickelt
nicht gefährlich
Öl / nicht mehr lange
Kohle / nicht sauber

Ich bin gegen Atomkraftwerke, denn ...

Energie / sparen
Ölpreise / immer höher
genug / Kohle
entwickeln / Solarenergie
betrachten als / gefährlich
Kohle / sicherer

ETWAS ZUM SCHREIBEN

LESERBRIEFE AN DEN REDAKTEUR° *editor*

Sie lesen in der Zeitung einen Artikel über den Bedarf an neuen Energiequellen. Sie möchten dazu Stellung nehmen, und Sie schreiben einen Brief an den Redakteur. Benutzen° Sie die folgende Stichwortliste. *make use of*

VERBEN	ADJEKTIVE UND ADVERBIEN	SUBSTANTIVE
übereinstimmen	gut	die Kernkraftwerke
brauchen	notwendig	das Benzin
entwickeln	gefährlich	die Kohle
bedürfen	sicher	die Elektrizität
verbrauchen	mehr	die Sonnenenergie
halten für	sauber	die Windenergie
sparen	wirtschaftlich	die Technik
beeinflussen	erneubar	die Ölpreise
wirken auf	billig	die Stabilität
lösen	problematisch	die Umwelt
verschmutzen		

2 *Frau und Mann*

EINFÜHRUNG UND BILDGESCHICHTE

Lesen Sie die Einführung und die Bildgeschichte und machen Sie dann die Übungen und Aktivitäten.

A. EINFÜHRUNG

Die Gleichstellung° von Frauen und Männern in der Bundesrepublik Deutschland

equality

In den letzen Jahren hat die Bundesregierung Deutschlands viel für die rechtliche° Gleichstellung von Frauen und Männern getan. Die gesetzliche° Gleichberechtigung° entspricht aber nicht immer der Wirklichkeit.° Es bestehen° immer noch Vorurteile° über wirtschaftliche° und gesellschaftliche° Pflichten° und Verantwortungen° in der ehelichen° Partnerschaft. Manche betrachten gewisse° Probleme als ungelöst° und stellen heikle° Fragen: Gibt es gleiche Ausbildungs-° und Berufschancen° für beide Geschlechter°? Was sind die Haushaltspflichten° in der Ehe für Frauen und Männer? Und schließlich, was ist eigentlich männlich und weiblich?

legal
legal / equal rights / reality
exist / prejudices / economic
social / duties / responsibilities / marital
certain / unsolved
difficult / die Ausbildung: *training* / der Beruf: *profession, occupation*
sexes / der Haushalt: *household*

B. BILDGESCHICHTE

Männersache°

men's business

spinnen: *to be crazy*

ab: *back* (coll.)

der Kochtopf: *pot*
anständig: *nice*

putzen: *to clean*
basta: *enough!*

weglaufen: *to run away*

ÜBUNGEN UND AKTIVITÄTEN

A. Wortschatzübung: Synonyme. Ersetzen Sie die kursivgedruckten Wörter durch ein Synonym aus der folgenden Liste.

derselbe	schwierig
gesetzlich	feminin
ökonomisch	maskulin

1. Die Bundesregierung hat viel für die *rechtliche* Gleichstellung von Frauen und Männern getan.
2. Es gibt noch viele Vorurteile über die *wirtschaftlichen* Verantwortungen von Frauen und Männern.
3. Man stellt *heikle* Fragen über die Partnerschaft in der Ehe.
4. Haben Frauen und Männer *die gleichen* Berufschancen?
5. Gibt es Unterschiede zwischen *männlichen* und *weiblichen* Pflichten in der Ehe?

B. Wortschatzübung: Wortfamilien. Setzen Sie in den folgenden Sätzen ein Adjektiv oder ein Nomen ein, das in die Familie des kursivgedruckten Wortes gehört.

1. Manche betrachten gewisse Probleme als *ungelöst*.
   Was ist Ihre ____ (*solution*) dieses Problems?
2. Es bestehen immer noch Vorurteile über gesellschaftliche *Verantwortungen* in der Ehe.
   Wer ist für die Hausarbeit ____ (*responsible*)?
3. Man stellt heute heikle Fragen über die *Partnerschaft* in der Ehe.
   Haben beide ____ (*partners*) die gleichen Rechte?
4. Die Gleichberechtigung ist ein *schwieriges* Problem.
   Eine der größten ____ (*difficulties*) ist die Gleichstellung.
5. Es gibt immer noch Vorurteile über Pflichten in der *ehelichen* Partnerschaft.
   Beide ____partner (*spouses*) dürfen arbeiten.

C. Fragen über die Einführung

1. Für welchen Aspekt der Gleichstellung von Frauen und Männern hat die Bundesregierung Deutchlands viel getan?
2. Warum entspricht die gesetzliche Gleichberechtigung nicht immer der Wirklichkeit?
3. Welche Fragen über die Gleichstellung von Frauen und Männern stellt man sich heute?

D. Fragen über den Inhalt und zur Interpretation der Bildgeschichte

1. Warum ist Fred gegen die Frauendemonstration?
2. Warum ist Freds Frau weggelaufen?
3. Beschreiben Sie Freds Frauenbild.

E. Was sind die größten Probleme der Gleichstellung in Amerika? Bilden Sie kleine Gruppen, und schreiben Sie mit Hilfe des folgenden Vokabulars eine Liste der größten Probleme der Gleichstellung von Frauen und Männern in Amerika auf. Stufen Sie Ihre Antworten ein (einstufen: *to rank*) (1, 2, 3, 4 usw.), und berichten Sie dann der Klasse Ihre Resultate.

Die größten Probleme der Gleichstellung in Amerika sind ____.

kein	Ausbildungschancen
	Haushaltspflichten
zuviel	weibliche Vorurteile
	männliche Vorurteile
ungleich	wirtschaftliche Pflichten und Verantwortungen
unklar	gesellschaftliche Pflichten und Verantwortungen
Oder?	rechtliche Gleichstellung
	Berufschancen
	gleicher Lohn für gleiche Arbeit

„Wie machen Sie das eigentlich, daß Ihre Bluse immer weißer ist als meine?"

FAKTEN UND MEINUNGEN

A. FAKTEN

Haben Frauen und Männer in Deutschland dieselben Rechte? Seit 1977 hat die Frau die volle juristische° Gleichberechtigung. Das bedeutet: — *legal*

1. Die Ehepartner müssen zusammen entscheiden,° wer arbeitet und wer zu Hause bleibt. Beide dürfen erwerbstätig° sein. — *to decide*; *employed*
2. Die Ehepartner dürfen den Familiennamen frei wählen.
3. Bei der Ehescheidung° muß der wirtschaftlich stärkere Partner für den schwächeren° Partner sorgen.° — *divorce*; *weaker* / sorgen für: *to care for*

Sollten beide Partner in der Ehe die gleichen Rechte haben? Was glauben die Deutschen?

	1954	1984	
	%	%	
Beide sollten die gleichen Rechte haben	48	78	
Der Mann sollte mehr Rechte haben	34	7	
Es kommt darauf an°	16	13	darauf ankommen: *to depend on*
Keine Meinung	2	2	
	100	100	

Auf welchen Gebieten sollte es mehr Gleichstellung geben?

	MÄNNER	FRAUEN	
	%	%	
Gehälter° und Löhne°	55	66	*salaries / wages*
Aufstiegsmöglichkeiten° im Beruf	49	62	*opportunities for advancement*
Das politische Leben	38	44	
Das öffentliche° Leben	27	41	*public*
Berufswahl	30	35	
Gleichstellung in der Ehe	20	35	

Wie hoch ist der Anteil° der weiblichen und männlichen Studierenden°? — *portion / students*

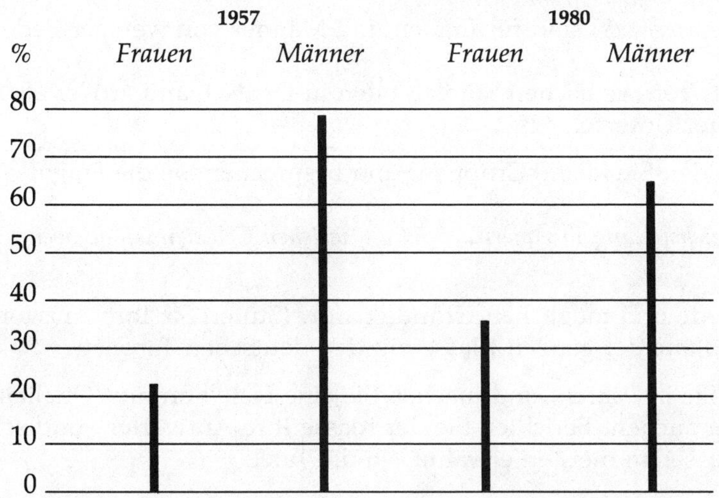

Welche Qualitäten suchen die Deutschen in dem Ehepartner?

FRAUEN SUCHEN:	%	
Treue°	62	*faithfulness*
Wärme	58	
Sexueller Reiz°	53	*attractiveness*
Ehrlichkeit°	49	*honesty*
Fleiß°	44	*diligence*

MÄNNER SUCHEN:	%	
Natürlichkeit	58	
Treue	54	
Sexueller Reiz	53	
Wärme	59	
Sauberkeit°	47	*cleanliness*
Sparsamkeit°	46	*frugality*

ÜBUNGEN UND AKTIVITÄTEN

A. Setzen Sie in den folgenden Sätzen die richtigen deutschen Wörter ein.

1. In Deutschland dürfen beide _____ (*spouses*) _____ (*employed*) sein.
2. Bei der _____ (*divorce*) muß der stärkere Partner _____ (*for*) den schwächeren _____ (*care*).
3. Die meisten Deutschen glauben, daß beide Partner die gleichen _____ (*rights*) haben sollten.
4. Auf dem Gebiet von _____ (*salaries*) und _____ (*opportunities for advancement*) wollen die Deutschen mehr _____ (*equality*).
5. Die meisten Männer und Frauen suchen _____ (*faithfulness*) und _____ (*sexual*) _____ (*attractiveness*) in dem idealen Ehepartner.

B. Fragen über die Tabellen

1. Welcher Ehepartner darf den Familiennamen in Deutschland wählen?
2. Auf welchem Gebiet der Gleichstellung teilen deutsche Frauen und Männer ähnliche Meinungen?
3. Wo gehen die Meinungen der Frauen und Männer über die Gleichstellung am weitesten auseinander (auseinandergehen: *to differ from each other*)?
4. Welche Eigenschaften (*characteristics*) sind für Frauen und Männer von weniger Bedeutung (*significance*)?
5. Ist der Prozentsatz (*percent*) von weiblichen Studierenden in Deutschland größer als an Ihrer Universität? Wie groß ist der Unterschied?

C. Gleichstellung in Amerika. Bilden Sie kleine Gruppen, und besprechen Sie die Frage:

Auf welchen Gebieten gibt es Gleichstellung in Amerika, und auf welchen Gebieten ist sie noch nicht erreicht?

Besprechen Sie die Unterschiede und möglichen Gründe dafür. (Stufen Sie Ihre Antworten ein.) Vergleichen Sie dann die Resultate der ganzen Klasse mit den deutschen Tabellen.

D. Welche Qualitäten? Arbeiten Sie in Paaren, und machen Sie eine Liste von fünf Qualitäten, die Sie in dem idealen Ehepartner suchen. Berichten Sie der Klasse Ihre Antworten, und schreiben Sie die Qualitäten, die die Klasse am meisten erwähnt, an die Tafel.

B. WEITERE FAKTEN

Sehen Sie sich die folgenden Tabellen und Bildgeschichte an, und machen Sie die darauffolgenden Übungen und Aktivitäten.

Welchen Anteil im Erwerbsleben° haben Frauen und Männer? *earning power*

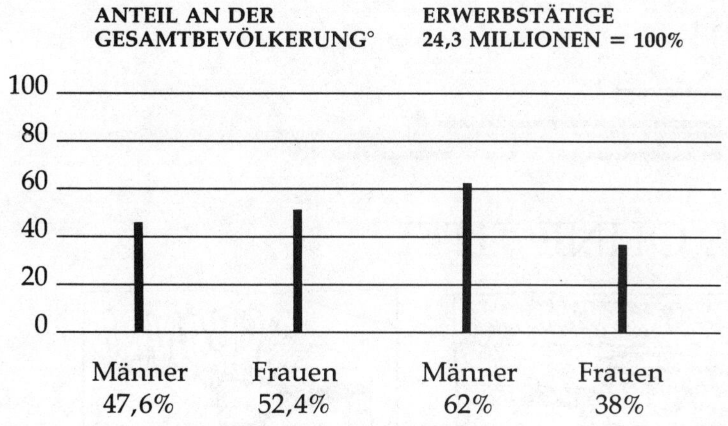

entire population

In welchen Berufen arbeiten Frauen und Männer?

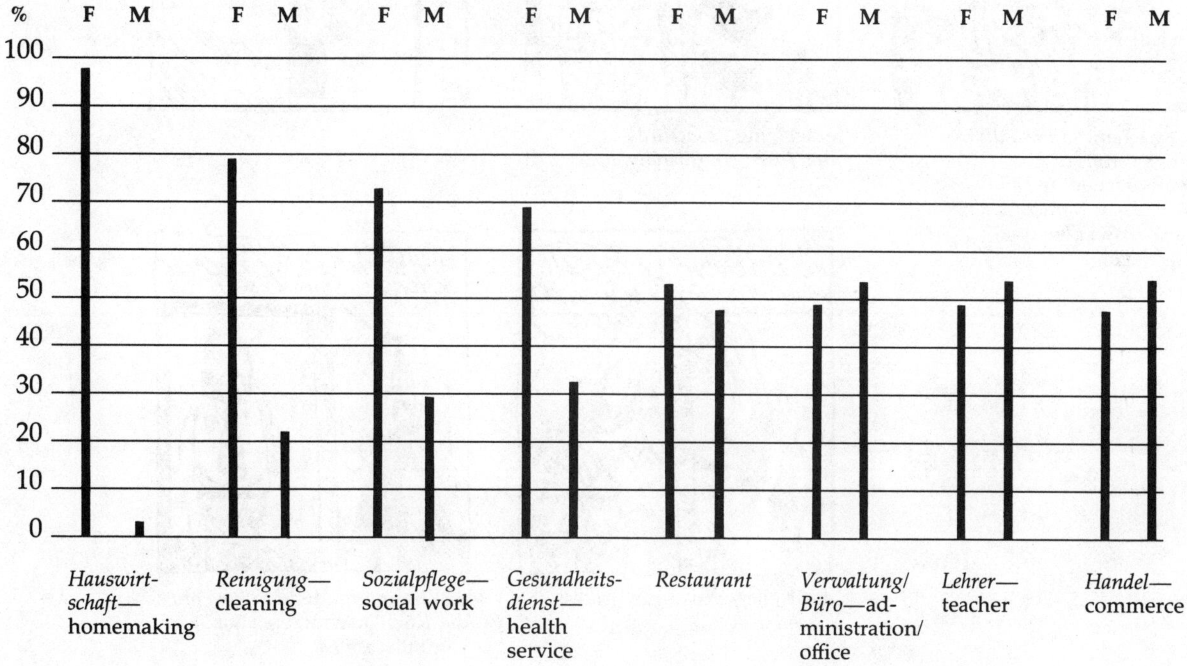

Wieviel verdienen Frauen und Männer?

	STUNDENLOHN FÜR MÄNNER	STUNDENLOHN FÜR FRAUEN	JÄHRLICHE DIFFERENZ
Ungelernte° Arbeiter	12,40 DM	9,80 DM	5800 DM
Angelernte° Arbeiter	13,80 DM	10,20 DM	8200 DM
Facharbeiter°	15,25 DM	10,90 DM	10 400 DM

unskilled
semiskilled
skilled worker

Wieviel Rente° bekommen Frauen und Männer? — *pension*

Von je° 100 Rentnern erhalten ____ Männer/Frauen eine monatliche Rente von ____ DM. — *every*

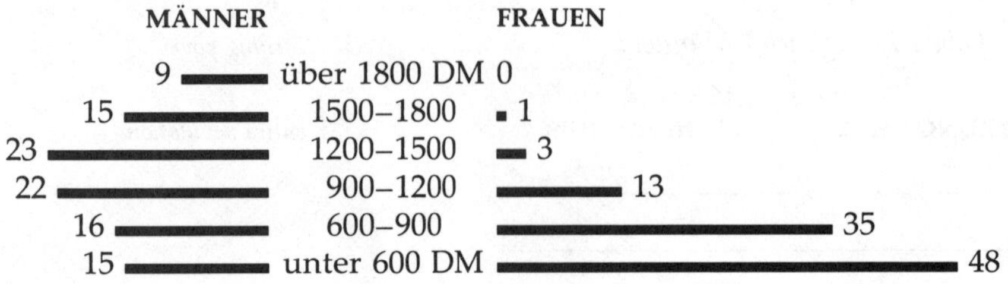

C. BILDGESCHICHTE OHNE TITEL

abwaschen: *to wash dishes*
prima: *great*
Spaß machen: *to be fun*
eine ganze Menge: *a lot*
die Würde: *dignity*

eingebildet: *conceited*
der Affe: *jerk (literally: ape)*

der Kollege: *colleague, fellow worker*

diskriminierend: *discriminatory*
die Küchenschürze: *apron*
stimmt's: *isn't it*

ÜBUNGEN UND AKTIVITÄTEN

A. Wortschatzübung. Setzen Sie in den folgenden Sätzen die richtigen deutschen Wörter ein.

1. In Deutschland bilden Frauen 38% der ____ (*employed*).
2. Die am wenigsten beliebten ____ (*professions*) bei Männern sind ____ (*homemaking*) und ____ (*cleaning*).
3. Mehr Männer als Frauen werden ____ (*teachers*).
4. Der ____ (*hourly wage*) in Deutschland ist höher für Männer als für Frauen.
5. Die meisten Männer bekommen eine ____ (*pension*) von unter 1500 DM.

B. Fragen über die Tabellen. Wählen Sie die beste Antwort, und bilden Sie mit Hilfe der Stichwörter ganze Sätze.

1. Heute gibt es

   a. mehr / erwerbstätig / Frau / als / Mann
   b. mehr / erwerbstätig / Mann / als / Frau
   c. ebenso / viele / erwerbstätig / Frau / wie / Mann

2. Die meisten Frauen

   a. arbeiten / in / der Handel
   b. arbeiten / in / der Gesundheitsdienst
   c. arbeiten / in / die Hauswirtschaft

3. Als ungelernte Arbeiter

   a. verdienen / der Mann / weniger / als / die Facharbeiterin
   b. verdienen / der Mann / mehr / als / angelernt / der Arbeiter
   c. verdienen / der Mann / mehr / als / die Facharbeiterin

4. Frauen und Männer

   a. haben / beinahe / gleich / der Anteil / in / die Hauswirtschaft
   b. haben / beinahe / gleich / der Anteil / in / die Verwaltung / (Büro)
   c. haben / beinahe / gleich / der Anteil / in / der Gesundheitsdienst

5. Die meisten Frauen

   a. bekommen / eine Rente / von / 900–1200 DM / in / Monat
   b. bekommen / eine Rente / über / 1800 DM / in / Monat
   c. bekommen / eine Rente / unter / 600 DM / in / Monat

C. Bildgeschichte. Wie sollte der Titel lauten (*to be*)? Suchen Sie einen passenden Titel für die Bildgeschichte aus, und geben Sie mit Hilfe der Stichwortliste einen Grund dafür.

1. Der moderne Mann
2. Die moderne Ehe
3. Der eingebildete Affe
4. Die traditionelle Ehe
5. Die Diskriminierung

Ich betrachte ____ als einen guten Titel, denn ________.

eingebildet	die Gleichstellung
privat	das Abwaschen
diskriminierend	die Würde
	Spaß machen

D. In welchen Berufen arbeiten wenige Frauen und Männer? Bilden Sie kleine Gruppen, und machen Sie eine Liste von Berufen, in denen nicht viele Frauen/Männer arbeiten. Vergleichen Sie Ihre Antworten mit der zweiten Tabelle. Mit Hilfe der Stichwortliste versuchen Sie, Ihre Antworten zu erklären.

Wir glauben, daß nicht viele Frauen/Männer in ____ arbeiten, weil man/Frauen/Männer in diesem Beruf ________.

weniger / Geld / verdienen
schwer / Arbeit / verlangen
Vorurteile / haben
die Chance / (nicht) / gleich / sein
nicht genug / Prestige / haben
Oder?

E. Warum bekommen Männer und Frauen nicht immer das gleiche Gehalt? Bleiben Sie in denselben Gruppen, und erklären Sie Ihre Antworten mit Hilfe der Stichwörter.

Ich glaube, daß Frauen/Männer in (*geben Sie den Beruf an*) mehr/weniger/gleichviel verdienen, weil ________.

sie / dieselb- / Arbeit / tun
sie / mehr (weniger) / arbeiten
sie / mehr (weniger) Geld / brauchen
die Familie / sorgen für
nur / Männer / dies- / Arbeit / tun / können
nur / Frauen / dies- / Arbeit / tun / können
Oder?

D. MEINUNGEN

Wie betrachten Frauen und Männer ihre Rollen? Lesen Sie die folgenden Interviews vor, und nehmen Sie Stellung dazu.

FRAU AUS FRANKFURT: Der soll nicht immer auf der Arbeit sein. Er soll sich auch mal um die Frau oder die Kinder kümmern,° nicht nur im Sessel° sitzen und in den Fernseher° glotzen.° Die meisten Männer gehen in die Kneipe° und kommen nachts stockbetrunken° nach Hause. Sie versprechen auch viel und sagen: „Du bekommst ein neues Kleid", und dann bekommen wir das neue Kleid nicht; das finde ich gemein° von den Männern.

sich kümmern um: *to care about*
easy chair / TV
stare / tavern
dead drunk
mean

MANN AUS FRANKFURT: Es muß eine hübsche Frau sein, schlank,° und muß gut kochen können. Und sie muß viele Kinder bekommen. Sie muß nett sein, nicht geizig.° Sie

slender
stingy

muß eine schöne Stimme° haben. Sie soll blondes Haar haben und schöne braune Augen. Sie soll ihre Kinder gut erziehen° und sich immer gut anziehen.°

voice

to bring up / sich anziehen: *to dress*

SILVIA, AUS MARBURG: Der Mann und die Frau müssen sich frei entfalten.° In der Ehe müssen sie nicht eine bestimmte° Rolle spielen, Familienvater oder Hausfrau zum Beispiel. Für mich ist die beste Lösung eine Partnerschaft ohne einseitige° Pflichten und Verantwortungen.

sich entfalten: *to develop oneself*

definite

onesided

„Wieso gleicher Lohn? Der Mann hat doch viel größere Hände!"

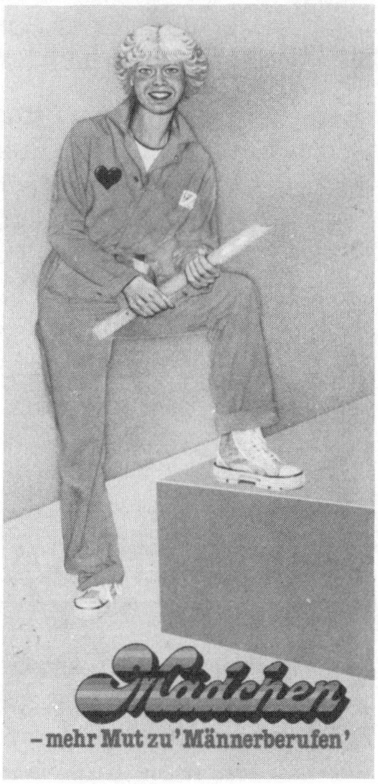

GABRIELE D., AUS BONN: Wie viele andere Frauen habe ich ziemliche° Schwierigkeiten, wenn es um handwerkliche° Arbeiten im Haus, am Auto usw. geht.° Die führe ich darauf zurück,° daß es den Mädchen als Kind und auch in der Schule nicht ermöglicht wurde,° sich mit handwerklichen Arbeiten zu befassen.°

considerable

do-it-yourself

es geht um: *it is a matter of*

darauf zurückführen: *to attribute to the fact*

ermöglicht werden: *to be made possible*

sich befassen: *to occupy oneself*

„Hör dir das mal an—er klopft ganz fürchterlich!"

INGEBORG, AUS BONN: Ich suche einen Mann, der männlich und stark und liebevoll warm ist. Natürlich muß er intelligent sein und sich über die Dinge, die ich liebe, unterhalten können: Kunst, Musik und Bücher. Ich hoffe, er kann gut tanzen.

AKTIVITÄT

Mit wem stimmen Sie überein? Drücken Sie Ihre Meinung mit Hilfe der Stichwortliste aus. Mit wem stimmen die meisten Studenten in der Klasse überein?

Ich stimme mit ____ (nicht) überein, denn ich/man/die Frau/der Mann ________.

die Frau aus Frankfurt
der Mann aus Frankfurt
Silvia aus Marburg
Gabriele aus Bonn
Ingeborg aus Bonn

glauben an / traditionell / die Ehe
sollen / für / Frau / und / Kind / sorgen
sollen / nett / schön / Kind / erziehen
sollen / gut / kochen / und / viele Kinder / haben
die Ehe / sein / eine Partnerschaft / mit
die Frau / der Mann / idealistisch / sein
gleich / die Pflicht / und / die Veranwortung / haben
sollen / gleich / Chancen / haben / in / die Schule / gehen
Oder?

SCHLUSSAKTIVITÄTEN

A. Wer macht was? Die Frau, der Mann, beide? In welchem Fall (*case*) soll der Mann, die Frau oder beide die Arbeit machen? Teilen Sie sich in drei Gruppen. Jede Gruppe vertritt einen anderen Standpunkt: Mann, Frau oder beide, und bespricht die Situationen von diesem Standpunkt aus. Teilen Sie Ihre Meinungen der Klasse mit.

1. Wer soll das Abendessen zubereiten°? — *to prepare*
2. Wer soll kleinere Reparaturen im Haus machen?
3. Wer soll das Haus putzen°? — *to clean*
4. Wer bringt die Kinder zur Schule?
5. Wer bleibt zu Hause bei den Kindern?
6. Wer soll einen Beruf haben?
7. Wer soll den Urlaub° organisieren? — *vacation*
8. Wer soll über das Geld entscheiden?
9. Wer soll die Kinder bestrafen°? — *to punish*
10. Wer soll für die Familie sprechen?

B. Was für einen Ehepartner wünschen Sie sich? Benutzen Sie die Stichwortliste oder Ihre eigenen Worte.

viel Geld / verdienen
sehr schön / sein
Musik / lieben
kein / Kind / haben / wollen
nett / ein Haus / haben / wollen
viel / Humor / haben
sehr / intelligent / sein
das Haus / gerne / putzen
zu Hause / bleiben
zu Hause / arbeiten
gerne / Reisen / machen

verständnisvoll° / und / warm / sein — *understanding*
treu / und / ehrlich / sein
fleißig / sein
die Haushaltspflicht / teilen
oft / tanzen / und / ins Kino / gehen
viel / Humor / haben

C. Gruppendebatte. „ERA" in Amerika: Dafür oder dagegen? Bilden Sie zwei Gruppen, und gebrauchen Sie die folgenden (oder andere) Argumente für oder gegen den amerikanischen Gleichstellungsantrag (der Antrag: *bill*). Versuchen Sie dabei, ein paar der Ausdrücke aus der Redemittelliste im Vorwort zu verwenden.

1. Behaupten:

   Ich glaube, daß ...
   Ich denke, daß ...

2. Widersprechen:

   Nein, so doch nicht.
   Das kann man eigentlich nicht sagen.

3. Zeit zum Nachdenken gewinnen:

   Warte mal ...
   Laß mich mal nachdenken.

4. Nachfragen:

   Wie bitte?
   Wie hast du das gemeint?

5. Zustimmen:

   Ganz recht!
   Da hast du Recht.

FÜR DEN GLEICHSTELLUNGSANTRAG

all- / gleich / das Recht / haben / sollen
die Frau / nicht / gleich / die Berufschance / haben
die Frau / gleich / die Verantwortung / haben / sollen
es / kein / die Partnerschaft / ohne / gesetzlich / die Gleichstellung / geben
die Frau / gleich / der Lohn / und / das Gehalt / haben sollen
der Amerikaner / gesetzlich / gleich / geboren / sein und / gleich / das Recht / haben / sollen
Oder?

GEGEN DEN GLEICHSTELLUNGSANTRAG

die Frau / nicht / in / der Krieg° / dienen / können — *war*
der Mann / für / die Familie / sorgen / müssen
man / gesellschaftlich / die Tradition / nicht / schnell / ändern / können
die Frau / nicht / in / jed- / der Beruf / arbeiten / können
die Frau / und / der Mann / nicht / gleich / geboren / sein
nicht / all- / die Frau / gleich / sein / wollen

ETWAS ZUM SCHREIBEN

Briefe an eine Zeitung für Ledige.° Sie schreiben eine Anzeige,° in der Sie eine Person beschreiben,° die Sie gerne kennenlernen möchten. Benutzen Sie die folgende Stichwortliste.

singles / advertisement
describe

VERBEN	ADJEKTIVE UND ADVERBIEN	SUBSTANTIVE
verdienen	männlich	die Treue
arbeiten	weiblich	die Wärme
putzen	anständig	der Fleiß
geben	erwerbstätig	sexueller Reiz
betrachten	gleich	die Musik
tragen	ehrlich	die Tradition
suchen	sauber	die Gleichstellung
teilen	sparsam	der Partner(-in)
bekommen	natürlich	der Beruf
tanzen	fleißig	das Geld
schwimmen	warm	das Vorurteil
lesen	sexy	die Chance
erziehen	treu	der Fernseher
anziehen	eingebildet	die Kneipe
kochen	traditionell	die Familie
sich befassen mit	schön	die Eigenschaft
sorgen für	stark	die Rolle
	verständnisvoll	die Pflicht
	intelligent	

Tschüß

3 Kinder und Eltern

EINFÜHRUNG UND BILDGESCHICHTE

Lesen Sie die Einführung und die Bildgeschichte zur Vorbereitung auf Übungen, Fragen und Aktivitäten.

A. EINFÜHRUNG

Eltern und die Jugend: Kritik und Konflikt

„Aber meine Kinder lieben mich doch."

In den letzten Jahren hat sich im Verhältnis° der Generationen zueinander in Deutschland viel geändert. Wo früher der Vater der absolute Herr im Haus war, fragt er sich heute besorgt,° ob seine Kinder ihn lieben. Wo früher die Jugend wartete, bis sie bereit war, als Erwachsene ihre Stellung in der Gesellschaft einzunehmen, wollen heute schon die Jugendlichen gehört werden. Sie fürchten, daß Probleme wie die Arbeitslosigkeit,° die Zerstörung° der Umwelt, die Aufrüstung° und der Frieden bei der Elterngeneration nicht in guten Händen sind. Sie wehren sich gegen° den Zwang° des täglichen Lebens zu Hause und in der Schule und suchen Befreiung, manchmal sogar durch Straßenproteste und Demonstrationen.

Die folgende Bildgeschichte handelt von° Problemen zwischen den Generationen in der Familie, von Eltern, die mehr von ihren Kindern erwarten als von sich selbst und nicht bereit sind zuzuhören.

relationship
worriedly
unemployment
destruction / *arming*
wehren gegen: *to struggle against*
pressure
handelt ...: *is about*

B. BILDGESCHICHTE

Bleib sauber!

unbedingt: *absolutely*

gerade: *just now*
draußen: *outside*

sich angucken: *to look at*

abputzen: *to wipe off*

wird gemacht: *will do* (*lit.: will be done*)

ÜBUNGEN UND AKTIVITÄTEN

A. Wortschatzübung: Synonyme. Ersetzen Sie die kursivgedruckten Wörter durch die passenden Synonyme.

die Bewaffnung	eben
die Relation	das Muß
ängstlich	die Destruktion

1. Im *Verhältnis* der Generationen zueinander hat sich viel geändert.
2. Heute fragt sich der Vater *besorgt*, ob seine Kinder ihn lieben.
3. Probleme wie Arbeitslosigkeit, *Zerstörung* der Umwelt und *Aufrüstung* sind bei der Elterngeneration vielleicht nicht in guten Händen.
4. Sie wehren sich gegen den *Zwang* des täglichen Lebens.
5. Ich komme *gerade* von draußen.

B. Fragen über die Einführung

1. Was war der deutsche Vater früher in seinem Haus?
2. Worauf wartete die Jugend früher?
3. Was ist ihrer Meinung nach bei der Elterngeneration nicht in guten Händen?

C. Fragen über den Inhalt und zur Interpretation der Bildgeschichte

1. Was macht der Vater?
2. Warum kommt der Sohn herein?
3. Was kritisiert der Vater an seinem Sohn?
4. Was wird der Sohn nun nicht mehr tun?
5. Wieso ist der Titel der Bildgeschichte ironisch?

D. Wieso ich?—Und die Eltern? In kleinen Gruppen (oder in Paaren) spielen Sie die Rollen von Jugendlichen und Eltern in den folgenden Situationen. Führen Sie der Klasse einige der Situationen vor. Besprechen Sie die möglichen Lösungen für jede Situation.

1. Sie wollen Ihren Eltern erzählen, was heute passiert ist, aber Ihr Vater unterbricht Sie.
2. Sie möchten Ihren Freund/Ihre Freundin anrufen, aber Ihre Mutter ist schon seit einer halben Stunde am Apparat.
3. Sie müssen sich auf eine Prüfung vorbereiten. Ihr Vater hat die Sportschau so laut eingestellt (*tuned in*), daß Sie sich nicht konzentrieren können.
4. Sie spielen eine große Rolle in einem Theaterstück und möchten unbedingt, daß Ihre Eltern kommen und zuschauen.

FAKTEN UND MEINUNGEN

A. FAKTEN

Kritik auf beiden Seiten: Was sagen die Generationen über einander?

Auf die Frage: „Was kritisieren Sie an Ihren Eltern?" gaben 350 Jugendliche im Alter von 14–22 Jahren die folgenden Antworten.

Sie lassen uns nicht über unser eigenes Leben bestimmen°	22%	*to determine*
Sie hören uns nicht zu	18%	
Sie sind nur hinter dem Geld her	17%	
Sie vertrauen uns nicht	16%	
Sie klagen° über unsere Schulzensuren°	14%	*complain* / die Zensur: *grade*
Sie kritisieren uns und machen es selbst nicht besser	13%	
	100%	

Auf die Frage: „Was kritisieren Sie an Ihren Kindern?" gaben 350 Erwachsene im Alter von 35–55 Jahren die folgenden Antworten.

Sie fühlen sich für nichts verantwortlich	23%	
Nichts ist ihnen recht, sie verlangen° zu viel	19%	*demand*
Sie sind zu eigenwillig°	16%	*willful*
Sie bringen schlechte Schulzensuren nach Hause	15%	
Sie geben zu viel Geld aus	14%	
Man weiß nie, was sie denken; sie reden nicht mit uns	13%	
	100%	

das Gebot: *commandment* ehren: *to honor* nicht mal: *not even*

„Wir wurden früher viel strenger erzogen", sagen die heutigen Eltern. Wie beurteilen die Generationen ihre Kindheit und Erziehung°? — *upbringing*

Wie war Ihre Kindheit?

	ALTERSGRUPPEN			
	16–29 %	*30–44* %	*45–60* %	*61–* %
Glücklich	60	55	53	58
Ziemlich glücklich	26	30	33	30
Unglücklich	14	15	14	12
	100	100	100	100

Wie war Ihre Erziehung?

	ALTERSGRUPPEN			
	16–29 %	*30–44* %	*45–60* %	*61–* %
Sehr streng° (*strict*)	5	11	21	29
Ziemlich streng	33	43	44	44
Kaum° (*hardly*) streng	42	30	23	14
Nie streng	20	16	12	13
	100	100	100	100

Welche Gründe können dazu beitragen,° daß die Jugendlichen heute früher erwachsen zu sein scheinen? — *to contribute*

- Sie haben große Bewegungsfreiheit° durch ihre Autos und Mofas.° — die Bewegung: *movement* / *mopeds*
- Der Wohlstand° ihrer Eltern erlaubt ihnen, ihren Lebensstil zu wählen. — *affluence*
- Sie sind durch die Medien besser über die Welt informiert.
- Sie sind weniger beaufsichtigt,° weil die Eltern stark beschäftigt° sind. — *supervised* / stark ...: *very busy*

B. BILDGESCHICHTE OHNE KOMMENTAR

ÜBUNGEN UND AKTIVITÄTEN

A. Wortschatzübung. Setzen Sie die deutschen Wörter ein.

1. Die Eltern lassen die Kinder nicht über ihr eigenes Leben _____ (*determine*).
2. Die Eltern _____ (*complain*) über die Schulzensuren ihrer Kinder.
3. Die Eltern _____ (*trust*) ihren Kindern nicht.

4. Die Kinder fühlen sich für nichts _____ (*responsible*).
5. Den Kindern ist nichts recht; sie _____ (*demand*) zu viel.

B. Fragen über die Tabellen

1. Wie zeigt es sich, daß die jungen Leute früher selbständig (*independent*) sein wollen?
2. Wie zeigt es sich, daß Jugendliche ihre Eltern für materialistisch halten?
3. Wofür sollten sich die jungen Leute zu Hause verantwortlich fühlen?
4. Wie zeigt es sich, daß die Eltern ihre Kinder für unzufrieden halten?
5. Welche Altersgruppe ist am zufriedensten mit ihrer Kindheit?
6. Welche Entwicklung zeigen die Prozentsätze 5, 11, 21, 29 in der „Sehr streng" Kategorie auf?

C. Wie ist es bei Ihnen? Schreiben Sie auf, was Sie an Ihren Eltern kritisieren. Was machen Ihre Eltern richtig? Stellen Sie dann mit Ihrer Gruppe zwei Tabellen zusammen. Vergleichen Sie sie mit der deutschen Tabelle.

D. Ich werde es besser machen. Denken Sie an Ihre Kindheit und Jugend. Können Sie aus Ihren Erlebnissen (*experiences*) lernen? Diskutieren Sie, wie Sie es mit Ihren eigenen Kindern machen werden. Benutzen Sie die folgenden Stichwörter.

streng sein
ehrlich sein
immer zuhören
Kinder selbständig sein lassen
Kinder sehr beaufsichtigen
Vertrauen haben
viel mit den Kindern tun
bei den Schularbeiten helfen
nicht vor anderen kritisieren
den Kindern viel Liebe geben
Oder?

E. Bildgeschichte ohne Kommentar. Welcher Kommentar scheint Ihnen zu der Bildgeschichte am besten zu passen, und warum?

1. Kinder, die alles wollen, sind ungezogen.° *spoilt*
2. Ein Kind gut erziehen, heißt „Nein" sagen können.
3. Kinder machen zu viele Sorgen. Das Leben ist besser ohne sie.

Ich finde den _____ Kommentar am passendsten, denn __________.

dieser Vater kann keine Freude an seinem Kind haben
dieses Kind hat nicht gelernt, daß man nicht alles haben kann
das Leben dieses Vaters ist jetzt viel leichter
Oder?

C. WEITERE FAKTEN

Patriotismus und die Generationen: Was halten die Deutschen heute von den Begriffen° „Vaterland" und „Fahne"°?

concepts / flag

An Deutsche in Alter von 16–60 wurde die Frage gestellt: Was denken Sie, wenn Sie das Wort „Vaterland" hören?

	ALTERSGRUPPEN	
	30–60	*16–29*
	%	%
Es klingt° gut	50	35
Es paßt nicht mehr in unsere Zeit	39	61
Keine Antwort	11	4
	100	100

sounds

Sie wurden auch gefragt: Freut es Sie, wenn Sie die schwarz-rot-gelbe Bundesfahne sehen?

	ALTERSGRUPPEN	
	30–60	*16–29*
	%	%
Ja, es freut mich	47	32
Nein, ich mag es nicht	30	40
Es ist mir gleichgültig°	12	15
Keine Antwort	11	13
	100	100

Es ...: *It's all the same to me*

Die deutsche Jugend protestiert. Warum? Vor zehn Jahren beschäftigte sich die deutsche Jugend mit weltpolitischer Themen und theoretischen Kapitalismus-Diskussionen. Worum geht es heute?

Die Landesregierung von Nordrhein-Westfalen befragte Jugendliche unter 25 Jahren darüber, welches Problem ihnen am wichtigsten ist, und kam zu den folgenden Resultaten.

Reduktion der Jugendarbeitslosigkeit	76%
Erforschung° alternativer Energien	62%
Ausbau° des Umweltschutzes	61%
Verbesserung der Ausbildungsförderung°	49%

research
expansion
die Förderung: *support*

Besonders in der letzen Zeit setzen sich die jungen Leute stark gegen die Aufrüstung und für den Frieden ein.°

Warum versuchen die jungen Leute nicht, ihre Ziele° auf politischem Weg zu erreichen? Die Landesregierung Düsseldorf kam nach einer Befragung zu dem Schluß,° daß die politischen Probleme, die Jugendliche besonders interessieren, „andere Schwerpunkte° haben als die Politik der etablierten Parteien." Fünfzig Prozent der jungen Deutschen unter 25 erklärten denn auch, keine dieser Parteien wählen° zu wollen. Bei den Erwachsenen sind es nur 25 Prozent. Außerdem glauben 67 Prozent der jungen Leute unter 25 nicht, daß sie Einfluß auf das haben, was in Bonn geschieht, und sehen die einzige Möglichkeit zur Lösung ihrer Probleme in Demonstrationen. In den letzten Jahren verliefen° solche Proteste meistens friedlich, und die Kommission „Jugendprotest im demokratischen Staat" sieht sogar etwas Gutes darin, wenn sie feststellt:° „Kritik und Diskussion gehören zur demokratischen Erziehung."

sich einsetzen: *to actively commit oneself*
goals
conclusion
focal points
to choose
proceeded
states

Oft hört man bei Jugendlichen:

- Politiker sind nicht ehrlich.
- Die großen Wirtschaftskonzerne° bestimmen die Politik. *corporations*
- Wer das Gespräch mit der Jugend sucht, will in Wahrheit nur Wählerstimmen° einfangen.° *votes / to catch*
- Keiner tut wirklich etwas für den Umweltschutz.
- Die Parlamente vertreten° zu wenig die Interessen der Jugendlichen. *represent*

ÜBUNGEN UND AKTIVITÄTEN

A. Wortschatzübung: Synonyme. Ersetzen Sie die kursivgedruckten Wörter durch Synonyme.

stimmen	bemerken
die Untersuchung	die Hilfe
die Erweiterung	sich engagieren

1. *Die Erforschung* alternativer Energien ist ein wichtiges Problem.
2. Die jungen Leute interessieren sich für *den Ausbau* des Umweltschutzes.
3. Die Jugend protestieret für die Verbesserung der Ausbildungs*förderung*.
4. Die jungen Deutschen *setzen* sich besonders für den Frieden *ein*.
5. Jugendliche wollen für keine der etablierten Parteien *wählen*.
6. Die Kommission *stellt fest:* „Kritik und Diskussion gehören zur demokratischen Erziehung."

B. Was steht in den Tabellen? Wählen Sie die beste Antwort, und bilden Sie mit Hilfe der Stichwörter ganze Sätze.

1. Die meisten jungen Deutschen denken

   a. das Wort „Vaterland" / gut / klingen
   b. das Wort „Vaterland" / heute / nicht mehr / passen
   c. keine Antwort / haben

2. Die meisten älteren Deutschen sagen

   a. es / mich / freuen / die Bundesfahne / sehen
   b. nicht / mögen / die Bundesfahne / sehen
   c. gleichgültig / sein

C. Wie steht es mit dem Patriotismus in Amerika? Interviewen Sie jeder einen Erwachsenen und einen Jugendlichen über seine/ihre Einstellung zu „Vaterland" und „Fahne" und stellen Sie in der Klasse zwei Tabellen auf. Vergleichen Sie sie mit den deutschen. Welche Generation ist patriotischer in Amerika?

D. Wogegen protestieren Amerikaner—Jugendliche und Erwachsene? Würden Sie auch protestieren? Warum? Besprechen Sie auch, was die Proteste in Amerika erreicht haben. Benutzen Sie die Stichwortliste oder Ihre eigenen Worte.

Ich würde auch/nicht protestieren, denn _________.

jeder / Recht auf Arbeit / haben
der Staat / mehr / tun / sollen
die Atomenergie / gefährlich / sein
die Aufrüstung / zum Krieg / führen
für den Frieden / arbeiten / müssen
nicht / unter Zwang / leben / wollen
Asoziale / nie / arbeiten
die Menschen / sich selbst / helfen / sollen
die Industrie / wachsen / müssen
die Friedensbewegung / kommunistisch / sein
Ordnung / Sicherheit / wichtig / sein
Oder?

artig: *good*

Die Radikalen als Kinderschreck

der Schreck: *fright*

D. WEITERE FAKTEN UND MEINUNGEN

Welchen Platz haben die Großeltern im Leben der jüngeren Generationen? Deutschen Senioren wurden folgende Fragen gestellt:

„Ältere Leute sagen heute oft, daß man sie beiseiteschieben möchte. Sind Sie derselben Meinung?"

	ALLE IM ALTER VON 55 UND ÄLTER	ALLEINLEBENDE	IM HAUSHALT VON MEHREREN LEUTEN LEBENDE
	%	%	%
Ganz anderer Meinung	59	50	62
Derselben Meinung	21	27	18
Keiner Meinung	20	23	20
	100	100	100

„Welche Ratschläge würden Sie den jungen Leuten geben?"

Lern so viel wie möglich	17%
Bleib selbständig; werde nie von anderen abhängig	15%
Kultiviere einen guten Freundeskreis	15%
Beginne früh, Interessen und Hobbies zu haben	11%
Baue oder kaufe dir früh ein Haus oder eine Wohnung	10%
Der Mensch braucht Religion, einen starken Glauben	9%
Reise so viel wie möglich, und lerne fremde Länder kennen	7%
Versuche immer, dich am Leben zu erfreuen	6%
Versuche, deine Umwelt zu verbessern	5%
Nimm dein Leben ernster als deinen Beruf	5%
	100%

ÜBUNGEN UND AKTIVITÄTEN

A. Fragen über die Tabellen

1. In welcher Situation sind alte Leute am zufriedensten?
2. Was halten alte Leute für das Wichtigste im Leben?
3. Was glauben alte Leute, daß man tun soll, damit man nicht einsam wird?
4. Welche Meinung haben ältere Leute über den Beruf?

B. Die Großelterngeneration und wir. Spielen Sie die Rollen von Großeltern, Eltern und Jugendlichen, und diskutieren Sie, ob ältere Leute mit den jüngeren Generationen zusammenleben sollen oder lieber allein. Benutzen Sie die folgende Stichwortliste.

glücklicher sein
sich einsam fühlen
jünger bleiben
sich weniger aufregen° — sich aufregen: *to get upset*
aktiver sein können
sich überflüssig° fühlen — *superfluous*
sich isoliert fühlen
sich notwendig fühlen
in einer Familie
in der eigenen Wohnung
im Altersheim
in einer Senioren-Siedlung° — die Siedlung: *community*

C. Glauben Sie, daß ältere Leute Erfahrungen gemacht haben, die Ihnen helfen können? Stellen Sie eine Liste von Fragen zusammen, die Sie an eine ältere Person stellen möchten. Welche älteren Leute, auch berühmte, würden Sie gern um Rat fragen?

SCHLUSSAKTIVITÄTEN

A. Wie stehen Sie zu Ihren Eltern? Wählen Sie je (*in each case*) eine der Aussagen, oder schreiben Sie Ihre eigenen auf. Besprechen Sie sie in kleinen Gruppen.

LIEBE

Ich …	*Meine Eltern …*
… finde, das ist meine Sache.	… vertrauen mir nicht.
… bringe meinen Freund/meine Freundin mit nach Hause.	… haben nichts gegen meine Freundschaft.
… ________ ________	… ________ ________

FREIZEIT

Ich …	*Meine Eltern …*
… meine, ich kann damit machen, was ich will.	… sagen, daß ich nur herumlaufe.
… sage, was ich mache, und wo ich hingehe.	… finden meistens gut, was ich mache.
… ________ ________	… ________ ________

SCHULE

Ich …	*Meine Eltern …*
… will nicht, daß sie mich danach fragen.	… sagen, ich bin dumm und faul.
… erzähle ihnen davon.	… interessieren sich dafür.
… ________ ________	… ________ ________

FREUNDE

Ich …	*Meine Eltern …*
… erzähle nie etwas von ihnen.	… finden sie unmöglich.
… bringe sie mit nach Hause.	… möchten sie kennenlernen.
… ________ ________	… ________ ________

GELD

Ich …	*Meine Eltern …*
… habe nie etwas in der Tasche.	… sagen, ich gebe zuviel Geld aus.
… habe eigentlich immer genug.	… sind sehr generös.
… ________ ________	… ________ ________

„KRUMME" SACHEN

Ich …	*Meine Eltern …*
… gebe sie nicht zu.	… sagen, ich mache ihnen nur Sorgen.
… spreche offen mit meinen Eltern darüber.	… besprechen mit mir, was man tun kann.
… ________ ________	… ________ ________

PRAKTISCHE AUFGABEN IM HAUS

Ich ...	*Meine Eltern ...*
... mache nie etwas.	... klagen, daß ich nicht helfe.
... halte mein Zimmer in Ordnung und helfe bei der Hausarbeit.	... verlangen nie zuviel von mir.
... ________ ________	... ________ ________

B. Was möchten Sie mit Ihrem Leben machen? Benutzen Sie die Stichwörter, oder finden Sie eigene Ideen.

Ich möchte

viel / lernen
immer selbständig / bleiben
viel / gut / Freunde / haben
viel / Interessen / Hobbies / haben
schön / ein Haus / bauen
religiös / ein Leben / führen
viel / reisen / fremd / Länder / sehen
die Freude / am Leben / haben
die Umwelt / verbessern
das Leben / ernster / nehmen / als / der Beruf

C. Gruppendebatte. Wie erreichen wir am besten unsere Ziele: auf politischem Weg, oder durch Protest? Bilden Sie zwei Gruppen, und gebrauchen Sie die folgenden (oder andere) Konstruktionen und Argumente. Versuchen Sie dabei, ein paar der Ausdrücke aus der Redemittelliste im Vorwort zu verwenden.

1. Behaupten:

   Ich denke, daß ...
   Ich stelle mir vor, daß ...

2. Widersprechen:

   Das kann man eigentlich nicht sagen.
   Das ist doch völlig unsinnig.

3. Zeit zum Nachdenken gewinnen:

   Laß mich mal nachdenken.
   Wenn ich das so richtig durchdenke, ...

4. Nachfragen:

   Wie hast du das gemeint?
   Verstehe ich dich richtig, wenn ...

5. Zustimmen:

   Da hast du recht.
   So würde ich das auch sehen.

FÜR DEN POLITISCHEN WEG

unser Land / eine Demokratie / sein / Parlament gewählt
Abgeordnete° / informiert / sein
Abgeordnete / Erfahrung / haben
Briefe / schreiben / können
Ordnung / wichtig / sein
Oder?

° *representatives*

FÜR DEN PROTEST

die Politiker / nicht ehrlich / sein
die Wirtschaftskonzerne / die Politik / bestimmen
die Politiker / nichts / für / Umwelt / tun
die Politiker / nicht / für den Frieden / sorgen
die Politiker / kein Interesse / an Jugendlichen / haben
Bonn / zum Handeln / zwingen

ETWAS ZUM SCHREIBEN

Schreiben Sie einen Brief an einen Freund/eine Freundin in Deutschland über die Unterschiede zwischen Ihrer Generation und der Generation Ihrer Eltern. Hier sind einige Vokabeln, die Sie dazu benutzen können.

VERBEN

finden
schützen
forschen
bestimmen
verlangen
passen
vorhaben
sich aufregen über
verlieren
kosten
handeln von
klagen
beitragen zu
sich einsetzen für/gegen
bestehen aus

ADJEKTIVE UND ADVERBIEN

besorgt um
streng
ehrlich
gleichgültig
verantwortlich für
beaufsichtigt
ungezogen
überflüssig

SUBSTANTIVE

die Arbeitslosigkeit
die Aufrüstung
die Energie
der Zwang
die Bewegung
die Fahne
die Ausbildung
das Ziel
der Wirtschaftskonzern
die Abhängigkeit
der Abgeordnete
die Umwelt
der Frieden
die Gesellschaft
die Erziehung
der Wohlstand
die Erforschung
die Forderung
der Einfluß
die Wählerstimme
die Siedlung

4 Schule und Ausbildung

EINFÜHRUNG UND BILDGESCHICHTE

Lesen Sie die Einführung und Bildgeschichte und machen Sie danach die Übungen.

A. EINFÜHRUNG

Die Bundesrepublik bemüht sich° schon seit Jahren durch Schulreformen, allen Schülern° und Studenten° neue und vielfältige° Ausbildungschancen° zu bieten.°

Das System ist deswegen sehr kompliziert geworden. Oft unterscheiden sich° Schulgesetze, Kurse und Beratung° voneinander von Bundesland° zu Bundesland. Für eine immer mobiler werdende Gesellschaft kann das von großer Bedeutung sein. Außerdem entsprechen° Schulberatung und Vorbereitung° der Schulabgänger° den wirklichen Berufsmöglichkeiten° nicht immer genau.

Dieses Problem gehört auch zum Thema der folgenden Bildgeschichte.

sich bemühen: *to endeavor*
school students / university or college students / various
die Ausbildung: *training / to offer*
sich unterscheiden: *to differ / counselling*
federal state
correspond
preparation / school graduate
occupational opportunities

B. BILDGESCHICHTE OHNE TITEL

ordentlich: *good*

Die Quadratwurzel von 81 ist 9.

die Hauptstadt: *capital city*

ein Zwölfer: *12 mm wrench*
stimmt: *right*

der Lehrling: *apprentice*

ÜBUNGEN UND AKTIVITÄTEN

A. Wortschatzübung. Setzen Sie in den folgenden Sätzen die richtigen deutschen Ausdrücke ein.

1. Das ____ (*schoolsystem*) der Bundesrepublik versucht, ____ (*pupils*) und ____ (*students*) gleiche ____ (*chances*) zu ____ (*offer*).
2. Viele junge Deutsche in dieser ____ (*mobile*) ____ (*society*) haben Probleme, weil ____ (*school regulations*) und ____ (*courses*) in verschiedenen Bundesländern nicht gleich sind.
3. Manchmal ____ (*correspond*) ____ (*counselling*) und ____ (*preparation*) den wirklichen ____ (*job possibilities*) gar nicht (*not at all*).

B. Fragen über die Einführung

1. Was ist das Ziel der Schulreformen in Deutschland?
2. Warum ist es von Bedeutung, daß das System kompliziert geworden ist?
3. Welchen Konflikt zwischen Schule und Beruf kann es geben?

C. Fragen über den Inhalt der Bildgeschichte

1. Glauben Sie, daß Fred mit seinem Sohn in den ersten fünf Bildern zufrieden ist? Warum?
2. Beschreiben Sie, was der Sohn in den ersten fünf Bildern alles macht.
3. Warum is Fred im letzten Bild erstaunt (*astonished*)?

D. Wie sollte der Titel heißen? Suchen Sie einen passenden Titel für die Bildgeschichte aus, und geben Sie mit Hilfe der Stichwörter einen Grund für Ihre Wahl.

Ausbildung und Beruf
Der erstaunte Vater
Der schlaue° Junge
Der unglückliche Sohn

° *clever*

Ich halte ____ für einen guten Titel, denn ________.

der Junge / seinem Vater / zeigen / Tricks
gut / die Ausbildung / kein / der Beruf / der Sohn / haben
der Sohn / der Eindruck / machen auf / der Vater
der Sohn / viel wissen / kein Beruf / aber
Oder?

E. Wie war die Schule für Sie? Bilden Sie kleine Gruppen, und besprechen Sie die folgenden Fragen. Besprechen Sie dann Ihre Antworten mit der ganzen Klasse.

1. Wie gut hat Sie Ihre Schule auf einen Beruf vorbereitet? Auf die Universität vorbereitet?
2. Wie wichtig war die Beratung Ihrer Lehrer für Sie? Was für Beratung haben Ihre Lehrer Ihnen gegeben?
3. Wie würden Sie heute die Beratung in Ihrer Schule ändern?

FAKTEN UND MEINUNGEN

A. FAKTEN

Wie sieht das deutsche Schulsystem für Jugendliche bis zum 18. Lebensjahr aus?

Das Schulsystem in Deutschland besteht aus° einer Primar-° und einer Sekundarstufe.° Die Primarstufe—oder Grundschule—umfaßt° die Klassen 1–4 (Alter: 6–9); die Sekundarstufe hat zwei Teile: I umfaßt die Klassen 5–10 (Alter: 10–15), und II die Klassen 11–13 (Alter: 16–18).

besteht ...: *consists of* / die Primarstufe: *elementary level* die Sekundarstufe: *secondary level* / *encompasses*

Die Schulpflicht° beträgt° insgesamt° neun Jahre. Das folgende Bild zeigt die verschiedenen Ausbildungsmöglichkeiten für die Primar- und Sekundarstufen. Betrachten Sie das Bild und die darunter stehenden Fakten, und machen Sie danach die Übungen und Aktivitäten.

compulsory education / *amounts to* / *all together*

Das Schulsystem in der Bundesrepublik Deutschland

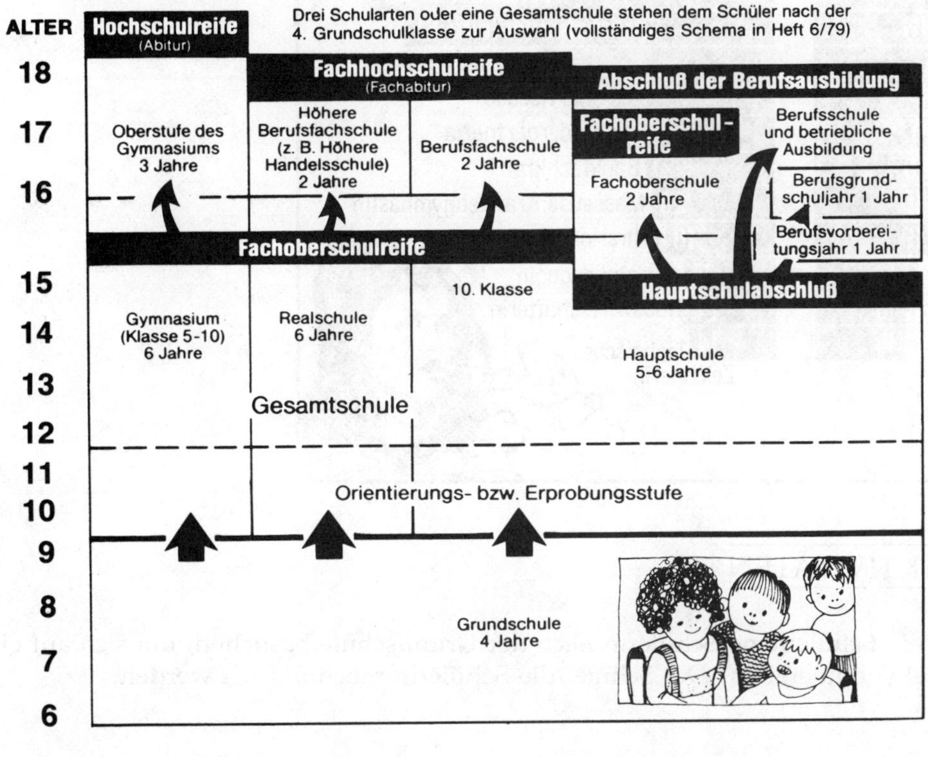

Was ist die Orientierungsstufe?

Da kann sich der Schüler nach der Grundschule für einen Schultyp entscheiden: Hauptschule, Realschule oder das Gymnasium.

Was ist die Aufgabe der Hauptschule?

Sie ist die Vorbereitung auf einen Beruf in Handwerk° oder Industrie.

trade

Was ist die Realschule?

Sie dient° zur Vorbereitung auf einen Beruf in der Wirtschaft° oder der Verwaltung.° Der Realschulabschluß° berechtigt zum Besuch einer Fachsschule.°

serves / *industry*
management / der Abschluss: *completion (here, graduation diploma)* / *technical school*

Was ist das Gymnasium?

Der Gymnasiumabschluß (das Abitur°) berechtigt zum Studium an einer Universität oder Hochschule (wie z.B. Technischen, Pädagogischen, Kunstgewerblichen° usw.).

graduation examination
applied arts

Was ist die Gesamtschule°?

comprehensive school

Die Gesamtschule ist eine neue Idee in der Bundesrepublik. In dieser Schule sind die Hauptschule, Realschule und Gymnasium vereinigt.°

joined

Was sind die Berufsziele der Schulabgänger?

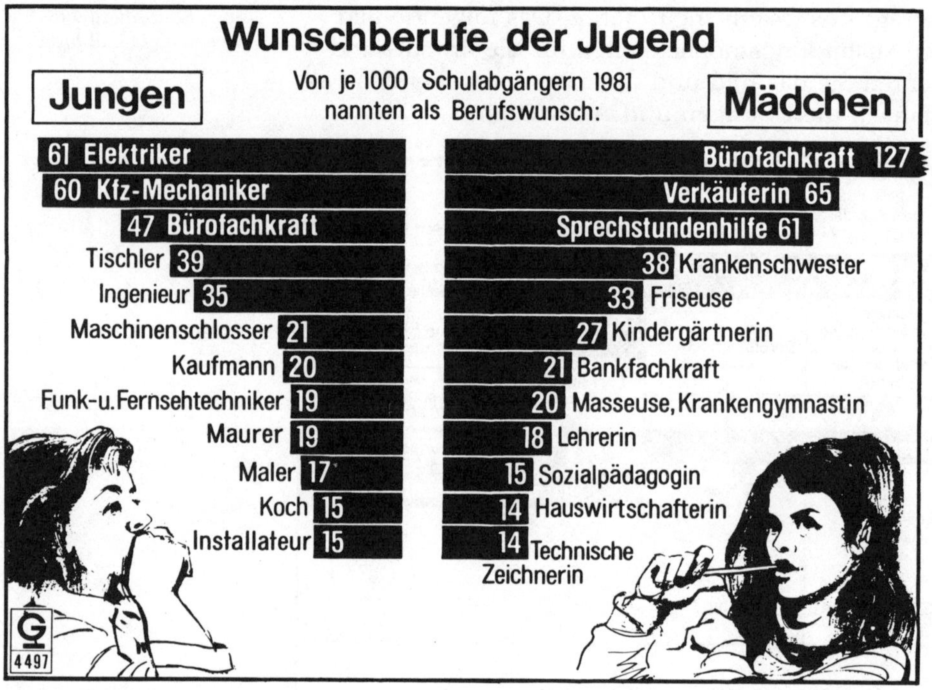

ÜBUNGEN UND AKTIVITÄTEN

A. Welche Schule muß ein Schüler/eine Schülerin nach der Grundschule besuchen, um sich auf ein bestimmtes Berufsziel vorzubereiten? Der Schüler/die Schülerin möchte _____ werden,

Maler° — *painter*
Bäcker° — *baker*
Tischler° — *cabinetmaker*
Brauer° — *brewer*
Diplomat
Lehrer
Arzt° — *doctor*
Manager
Mechaniker
Kaufmann° — *merchant*
Rechtsanwalt° — *lawyer*

und wird nach der Grundschule zuerst _____ besuchen.

die Hauptschule
die Realschule
das Gymnasium

B. Ein Vergleich. Was wollten Sie als Schulabgänger werden? Nennen Sie Ihren Berufswunsch als Schulabgänger. Der Lehrer wird die entsprechenden Fächer an die Tafel schreiben. Vergleichen Sie dann die Resultate mit der Tabelle. Was für Unterschiede können Sie feststellen (*determine*)?

„Die Schule konnte dich nur vorbereiten. Den Schritt ins Leben mußt du nun selber tun."

C. Welche Unterschiede gibt es zwischen deutschen und amerikanischen Schulen? Bilden Sie kleine Gruppen, und versuchen Sie, Unterschiede zwischen den beiden Systemen und den Fächern aufzuzählen (*to tally*). Sobald Ihre Gruppe einen Unterschied findet, schreiben Sie ihn an die Tafel, bis die Klasse eine Gesamtliste hat. Besprechen Sie, welche Unterschiede am wichtigsten sind.

B. MEINUNGEN

Lesen Sie die Meinungen von drei deutschen Jugendlichen über die deutschen Schulen und Berufschancen, und beantworten Sie die Fragen.

WOLFGANG, 16: Ich bin Schüler am Gymnasium hier in Freiburg. Einerseits bin ich mit der Ausbildung, die ich hier bekomme, sehr zufrieden. Die meisten Lehrer sind uns sehr sympathisch,° aber wir müssen trotzdem sehr viel schuften.° Andererseits gibt es wenig Gelegenheit in der Schule für Individualität. Man könnte sogar behaupten, daß wir alle gleich hergestellt° werden.

sind ...: *we like very much*
work hard (colloquial)
manufactured

SABINE, 15: Ich mag die Schule wirklich überhaupt nicht.° Ich besuche eine Realschule. Ich finde, daß wir zuviel unnützliches°

überhaupt ...: *not at all*
useless

*Am ersten Schultag sollen die Schüler die rechte Hand geben. Jeder Schüler bekommt eine Zuckertüte oder Schultüte (*cone-shaped container*) voll mit Süssigkeiten.

Zeug° lernen müssen. Unser Lehrer ist überhaupt nicht realistisch. Auch schreiben die meisten von meinen Klassenkameraden von einander ab° während einer Klassenarbeit.

junk / abschreiben: *to copy*

UWE, 17: Ich besuche die Realschule. Meine Schule ist etwas ganz Neues in unserer Gegend, denn sie ist ein Teil einer Gesamtschule. Obwohl ich die Gesamtschule eine gute Idee finde, muß ich aber zugeben,° daß es wenig Kontakt zwischen Hauptschülern, Realschülern und Gymnasiasten gibt. Auch beschmieren° einige Schüler die Wände des Gebäudes mit Graffiti. Das ist wirklich nicht schön. Ich habe auch gerade jetzt ein dreiwöchiges Betriebspraktikum° bei einer Landesbank zu Ende geführt. Ich habe dort viel gelernt, und es hat mir gut gefallen. Das Betriebspraktikum ist für uns Schüler eine gute Gelegenheit, sich auf einen Beruf vorzubereiten. Später werde ich auch eine Berufsfachschule° besuchen.

to admit / *smear* / *onsite vocational training* / *occupational training school*

A. Fragen über den Inhalt der Meinungen von drei Jugendlichen

1. Warum ist Wolfgang nur einerseits mit seiner Ausbilding am Gymnasium zufrieden?
2. Warum mag Sabine die Schule überhaupt nicht?
3. Warum beschwert sich (sich beschweren: *to complain*) Sabine über ihre Klassenkameraden?
4. Was gibt es nicht zwischen Hauptschülern, Realschülern und Gymnasiasten, die eine Gesamtschule besuchen?
5. Was hat Uwe gerade zu Ende geführt?

B. Wie war es in Ihrer Schule? Bilden Sie kleine Gruppen, und besprechen Sie die folgenden Themen, welche die drei Jugendlichen in ihren Interviews erwähnt haben.

1. Wieviel Gelegenheit für Individualität gab es in Ihrer Schule?
2. Wie sympathisch waren Ihre Lehrer? Geben Sie ein Beispiel.
3. Wie unrealistisch waren Ihre Lehrer?
4. Wie oft haben andere Schüler abgeschrieben?
5. Haben Schüler in Ihrer Klasse die Wände mit Graffiti beschmiert?

C. Interview. Zwei Studenten von zwei verschiedenen Gruppen führen der Klasse ein Interview vor. Der Interviewer stellt die fünf Fragen von B. Alle in der Klasse dürfen weitere Fragen stellen.

C. WEITERE FAKTEN

Lesen Sie diese Fakten über das Studium an Hochschulen in Deutschland, und beantworten Sie danach die Fragen.

Was war das alte Bildungsideal?

Man hat die Universität als reines° Forschungsinstitut° für ausgewählte Wissenschaftler° betrachtet.

purely / die Forschung: *research* / *scientist, scholar*

Inwiefern° ist das heute anders?

to what degree

Alle sollen die gleichen Bildungschancen und Berufsmöglichkeiten haben.

Wo sind die Hochschulen?

Die folgende Landkarte zeigt die Hochschulen in Westdeutschland.

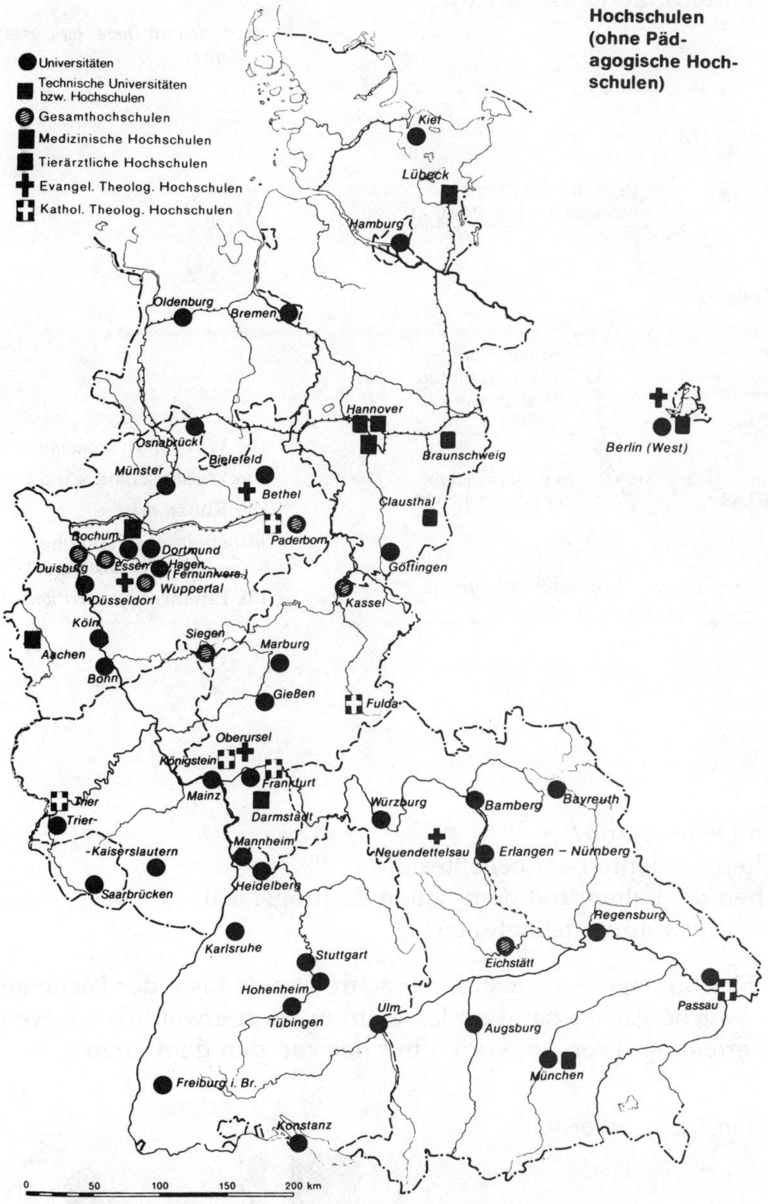

Was ist der Numerus Clausus?

Fächer wie Medizin und Jura haben nicht genug Studienplätze für alle, die studieren wollen. Der Numerus Clausus ist eine Zulassungsbeschränkung° für die Universität oder für bestimmte Fächer. *enrollment limitation*

Welcher wichtige Reformversuch fand in den letzen Jahren statt?° stattfinden: *to occur*

Nicht nur ordentliche° Professoren, sondern auch andere Lehrkräfte° und Studenten dürfen an der Verwaltung° von Hochschulen teilnehmen. *tenured / faculty members* *administration*

Was für Hochschulen gibt es in Deutschland?

- Wissenschaftliche Hochschulen (technische und pädagogische Hochschulen und Universitäten).
- Fachschulen (Sie führen nach dem Abschluß direkt ins Berufsleben).

- Gesamthochschulen (alle Hochschulformen zusammen).
- Fernuniversitäten.°

fern: *distant (here, by correspondence)*

Was studieren deutsche Studenten?

Studenten an Hochschulen nach Fachbereich 1977/78

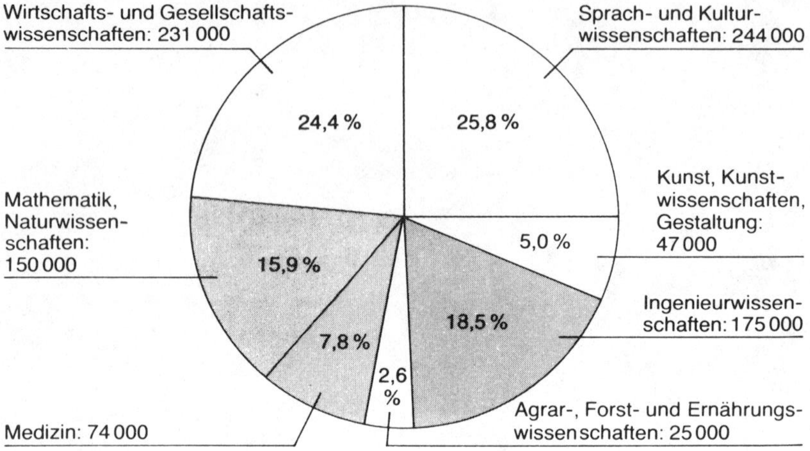

die Wirtschaft: *economy*
die Wissenschaft: *science*
die Kunst: *art*
kunstwissenschaftliche Gestaltung: *creative arts*
die Ernährung: *nutrition*

ÜBUNGEN

A. Fragen über den Inhalt

1. Was für Hochschulen gibt es in Deutschland?
2. Welche Fächer sind bei deutschen Studenten am beliebtesten?
3. Was ist der Unterschied zwischen dem alten und dem neuen Bildungsideal?
4. Wer darf jetzt an der Universitätsverwaltung teilnehmen?

B. Was möchten Sie werden? Bilden Sie Ihre eigenen Sätze. Einer schreibt eine Liste der Fäche auf, die die Studenten gewählt haben. Welche Fächer hat die Klasse am meisten erwähnt? Am wenigsten? Vergleichen Sie die Prozentverteilung Ihrer Antworten mit der von den deutschen Studenten.

Ich / studieren / _____ und / möchten / _____ werden.

FACH	BERUF
Medizin	Künstler(-in)
Musik	Architekt(-in)
Kunstgeschichte	Krankenpfleger, -schwester
Fremdsprachen	
Geographie	Politiker(-in)
Politische Wissenschaft	Lehrer(-in)
Biologie	Arzt(¨-in)
Mathematik	Dolmetscher(-in)
Computerwissenschaft	Techniker(-in)
Philosophie	Professor(-in)
Philologie	Physiker(-in)
Literaturwissenschaft	Tierarzt(¨-in)
Architektur	Philologe(-in)
Tiermedizin	Philosoph(-in)
Journalismus	Journalist(-in)

„Ich trinke Kräutermeister weil ich eine Fünf in Mathe habe."

D. WEITERE FAKTEN

Lesen Sie sorgfältig° den folgenden Text, und beantworten Sie danach die Fragen.

Ein besonderes Problem in den deutschen Schulen sind Ausländerkinder.° Mit dem Erfolg des Wirtschaftswunders kamen Millionen Gastarbeiter° nach Deutschland, um die vielen Arbeitsplätze zu füllen. Heutzutage, wo die Arbeitslosigkeit unter den deutschen Arbeitern auf weit über 6 Prozent gestiegen ist, sind die Gastarbeiter unwillkommen geworden. Damit hängt ein weiteres Problem zusammen: Jedes siebte Kind ist Ausländer. Fünfundsechsig Prozent verlassen die Schule ohne Abschluß. Wie werden diese Kinder in der deutschen Gesellschaft aufgenommen,° und was für eine Schulausbildung bekommen sie?

sorgfältig: *carefully*
Ausländerkinder: *foreign children*
Gastarbeiter: *foreign worker*
aufnehmen: *to accept*

Ausländische Schulkinder unter 10 Jahren in der Bundesrepublik im Jahre 1980

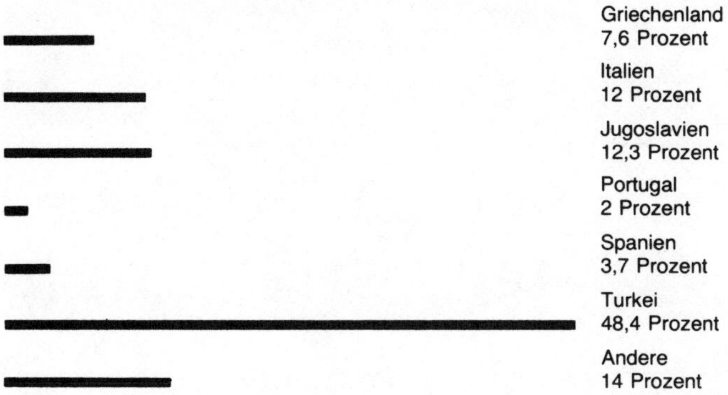

ÜBUNGEN UND AKTIVITÄTEN

A. Fragen über Ausländerkinder

1. Warum kamen die Gastarbeiter nach Deutschland?
2. Wie viele Ausländer gibt es in einer Gruppe von sieben Kindern in Deutschland?
3. Von welcher Nationalität sind die meisten Ausländerkinder?
4. Wieviele Ausländerkinder verlassen die Schule ohne Abschluß?

B. Ein Vergleich. Besprechen Sie in kleinen Gruppen die folgenden Fragen.

1. Was für Ausländer gibt es in Ihrer Stadt?
2. Woher kommen diese Ausländer? Was für Chancen haben diese Kinder in den amerikanischen Schulen?
3. Warum verlassen manche die Schule ohne Abschluß?
4. Wie werden sie von anderen Schülern aufgenommen?
5. Was für Unterschiede sehen Sie zwischen Amerikas und Deutschlands Ausländerschülern?

SCHLUSSAKTIVITÄTEN

A. Debatte. Zwei Gruppen in der Klasse argumentieren entweder für das deutsche Schulsystem und die deutsche Universität oder für das amerikanische System. Welche Vorteile (*advantages*) und welche Schwächen (*weaknesses*) hat jedes System? Benutzen Sie die Stichwörter zur Unterstützung (*support*) Ihrer Argumente. Versuchen Sie dabei, einige der folgenden Ausdrücke aus der Redemittelliste im Vorwort zu verwenden.

gleiche (bessere) Chancen
Vorbereitung / Beruf
Individualität (wichtig/unwichtig)
Leistung / ökonomische Zukunft
Examen als Abschluß
Qualität
der Numerus Clausus

1. Behaupten:

   Ich denke, daß ...
   Ich bin der Ansicht, daß ...

2. Widersprechen:

   Das ist doch irrelevant.
   Das kann man doch nicht sagen.

3. Zeit zum Nachdenken gewinnen:

   Wenn du mich fragst, ...
   Moment mal.

4. Nachfragen:

   Wie hast du das gemeint?
   Wirklich?

5. Zustimmen:

   Ja, das meine ich auch.
   Da muß ich dir zustimmen.

B. Etwas Praktisches. Viele Betriebe (*firms*) und Schulen in Deutschland verlangen (*demand*) heute eine Kurzform des Lebenslaufes. Versuchen Sie jetzt, Ihren Lebenslauf (*curriculum vitae*) zu schreiben, und lesen Sie ihn der Klasse vor.

LEBENSLAUF

Name:
Geburtsdatum:
Geburtsort:
Vater:
Mutter:
Geschwister:
Lieblingsfächer:
Universität:
Hauptfächer:
Akademische Organisationen:
Berufswünsche:
Hobbys:
Ort und Datum: Unterschrift:

C. Interview. Wie kann die Uni besser werden? Interviewen Sie drei Studenten außerhalb der Klasse über das Thema: Wie kann die Uni besser werden? Berichten Sie dann mündlich der Klasse darüber.

ETWAS ZUM SCHREIBEN

Sie bekommen einen Brief von einem Studenten/einer Studentin aus Deutschland, der/die etwas über das amerikanische Schulsystem wissen möchte. Beantworten Sie den Brief, und bedenken Sie dabei die folgenden Fragen.

1. Wie alt müssen amerikanische Kinder sein, um in der Schule anfangen zu dürfen?
2. Wie lange besuchen sie die Grundschule?
3. Welche Pflichtkurse gibt es auf der höheren Schule?
4. Wie alt müssen Kinder sein, um die Schule gesetzlich verlassen zu dürfen?
5. Was für Möglichkeiten zur Berufsausbildung gibt es in der Schule?
6. Wie kommt ein Schüler auf die Uni?

5 Beruf und Arbeit

EINFÜHRUNG UND BILDGESCHICHTE

Lesen Sie die Einführung und Bildgeschichte, und machen Sie dann die Übungen und Aktivitäten.

A. EINFÜHRUNG

Allgemeines über die Arbeitswelt in Deutschland

Die Arbeitswelt in der Bundesrepublik hat sich in den letzen Jahrzehnten sehr geändert. Während der Zeit des wirtschaftlichen Aufschwungs° in den fünfziger und sechziger Jahren gab es mehr Arbeitsstellen° als Arbeitnehmer° und man holte Arbeitslose, die sogenannten Gastarbeiter, aus vielen Ländern. Wegen weltwirtschaftlicher Schwierigkeiten gibt es aber jetzt einen Mangel° an Arbeitsstellen. Unternehmer° und Gewerkschaften° finden es besonders schwer, das Ziel der Vollbeschäftigung° zu erreichen.

upswing / *jobs* / *employees* / *lack* / *businessmen* / *unions* / *full employment*

Trotz der Mitbestimmungsgesetze, durch die die Arbeitnehmer an Entscheidungen im Unternehmen teilnehmen° können, gibt es immer noch Probleme zwischen Arbeitnehmern und Arbeitgebern. Eines dieser Probleme ist auch das Thema der Bildgeschichte „Herr Meyer."

to participate

B. BILDGESCHICHTE

Herr Meyer

'ne: eine
2 Zimmerwohnung: *one-bedroom apartment*

ja schon: *it's alright*
verdienen: *to earn*
als: *than*

ne: *no*
der: *he (stressed to signal contrast)*

ganz schön dumm: *that's really dumb*
dafür: *for that*

teilen: *to share*
blöd: *stupid*

komisch: *funny, strange*

ÜBUNGEN UND AKTIVITÄTEN

A. Wortschatzübung: Synonyme. Ersetzen Sie die kursivgedruckten Wörter durch Synonyme von der folgenden Liste.

der Bedarf	der Arbeitgeber
der Arbeiter	der Arbeitsplatz
das Arbeitsleben	

1. *Die Arbeitswelt* in der Bundesrepublik hat sich sehr geändert.
2. Vor zwanzig Jahren gab es mehr Arbeitsstellen als *Arbeitnehmer*.
3. Heute gibt es einen *Mangel* an *Arbeitsstellen*.
4. Das Ziel der Mitbestimmungsgesetze ist Harmonie zwischen *Unternehmern* und Gewerkschaften.

B. Fragen über die Einführung

1. Wie hat sich die Arbeitswelt in den letzten Jahrzehnten in der Bundesrepublik geändert?
2. Warum gibt es jetzt einen Mangel an Arbeitstellen?
3. Was finden die Arbeitgeber und die Gewerkschaften heute besonders schwer?
4. Warum sind die Mitbestimmungsgesetze wichtig für die Arbeitnehmer?

C. Fragen über die Bildgeschichte

1. Ist Fred Arbeitgeber oder Arbeitnehmer?
2. Was für eine Wohnung haben Vater und Sohn?
3. Warum hat Herr Meyer ein Haus mit einem Garten?
4. Warum verdient Herr Meyer mehr Geld als Fred?
5. Warum arbeiten Fred und andere nicht für sich und teilen das Geld?
6. Wie hat Herr Meyer dieselbe Frage beantwortet?

D. Was ist Ihre Meinung von dem Verhältnis zwischen Arbeitgebern und Arbeitnehmern in Deutschland? Sehen Sie das folgende Beispiel an, und versuchen Sie mit Hilfe der Stichwortliste oder mit eigenen Wörtern, Ihre Meinung auszudrücken.

BEISPIEL
Ich glaube, das Mitbestimmungsgesetz ist nicht praktisch.

die Arbeitgeber	sollen	mehr Geld
die Arbeitnehmer	verdienen	ebensoviel Geld
die Gewerkschaften	besitzen	Vollbeschäftigung
die Unternehmer	garantieren	Arbeitsplätze
	teilnehmen an	Entscheidungen und Planung

E. Wie ist die Arbeitssituation bei Ihnen? Beschreiben Sie anhand (*by use of*) des oben eingeführten Vokabulars das eigentliche (*actual*) Verhältnis (*relationship*) zwischen Arbeitnehmern und Arbeitgebern in Amerika, oder wo Sie persönlich arbeiten. Welche Gewerkschaften sind am wichtigsten? Kennen Sie Beispiele, wo Arbeitgeber und Arbeitnehmer produktiv zusammenarbeiten?

die Schraube: *bolt, screw*

FAKTEN UND MEINUNGEN

A. FAKTEN

Lesen Sie die Bildtexte und Fakten, und machen Sie danach die Übungen und Aktivitäten.

Wie sieht die deutsche Arbeitswelt aus?

Die deutsche Arbeitswelt

Wieviel arbeiten die Deutschen?

Zweiundneunzig Prozent der deutschen Arbeitnehmer arbeiten 40 Stunden in der Woche. Die meisten Arbeitnehmer arbeiten fünf Tage in der Woche.

Nehmen die Deutschen die Arbeit zu ernst? Was sagt das Bild darüber?

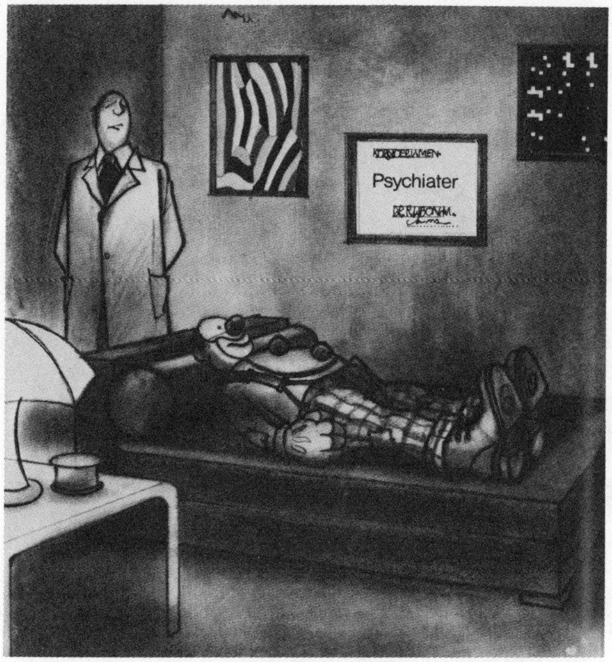

„Sie sollten Ihren Beruf nicht so ernst nehmen!"

Wie lange dauert° der Urlaub° bei den Deutschen?

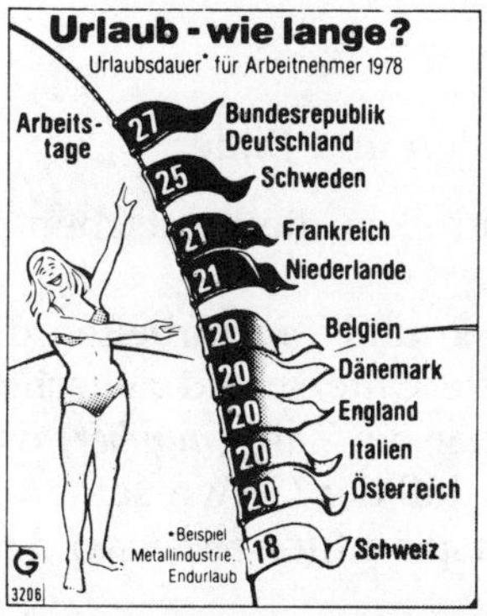

last / vacation

Was machen die Arbeitnehmer während der Arbeitspause?

Wer streikt am meisten?

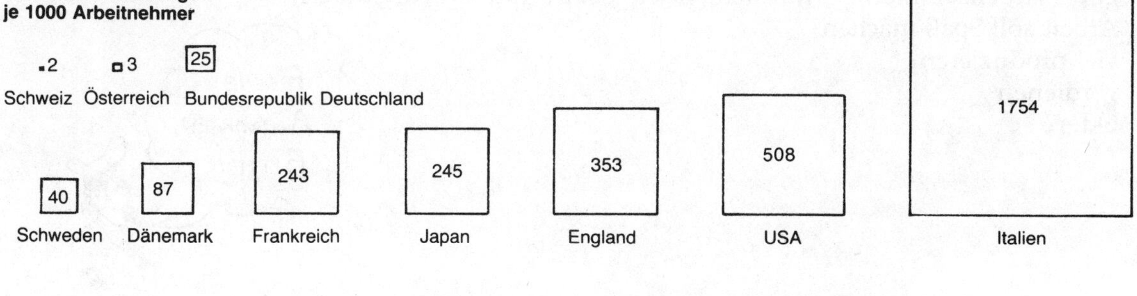

Was halten diese Polizisten vom Streiken?

ankarren: *to pull up*
'nen: einen
der Laster: *truck*

AKTIVITÄTEN

A. Fragen über die Fakten und Bilder

1. Wie viele Tage streiken die Deutschen pro Jahr und wie lange dauert der typische deutsche Urlaub?
2. Wie viele Stunden und Tage arbeiten die meisten Deutschen pro Woche?
3. Was ist der größte Unterschied zwischen Deutschland und den anderen Ländern: die Urlaubsdauer oder die Zahl (*number*) der verlorenen Arbeitstage?
4. Wie wissen Sie, daß der Clown seinen Beruf zu ernst nimmt?
5. Welches Bild entspricht (*corresponds*) dem ersten Bild („Die deutsche Arbeitswelt") am besten? Warum?
6. Welches Bild scheint dem ersten Bild „Die deutsche Arbeitswelt" zu widersprechen? Warum?

B. Welche Eigenschaften sollte die ideale Arbeitswelt haben? In kleinen Gruppen machen Sie eine Liste davon. Teilen Sie Ihre Liste der Klasse mit, und versuchen Sie festzustellen, welche Eigenschaften am wichtigsten sind. Mit Hilfe der folgenden Stichwortliste geben Sie Gründe dafür an.

Urlaubsdauer
verlorene Arbeitstage
Streiken
wenig Arbeitslosigkeit
Vollbeschäftigung
gutes Arbeitsverhältnis zwischen Arbeitgebern und Arbeitnehmern
Arbeit soll Spaß machen
viel produzieren
verdienen
Oder?

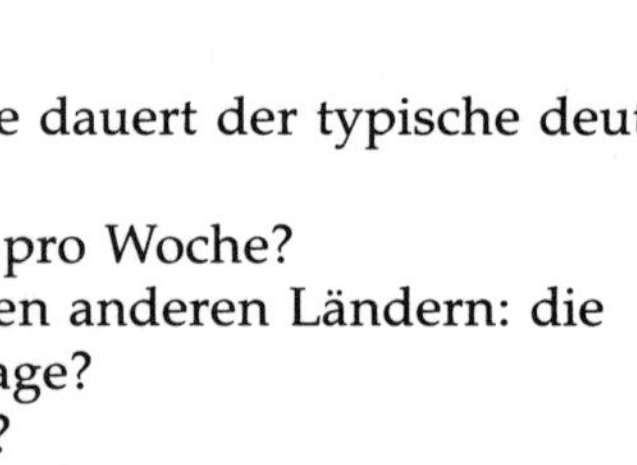

B. WEITERE FAKTEN

Schauen Sie sich die Statistiken und Bilder an, und beantworten Sie dann die Fragen.

Wer verdient pro Monat am meisten?

	1970	1981	1970	1981
	Arbeiter		*Männliche Angestellte°*	
Industrie insgesamt	1123	2566	1522	3784
Elektrotechnische Industrie	1057	2473	1440	3728
Chemische Industrie	1204	2784	1677	3816
Energiewirtschaft	1161	2978	1468	3688
Textilindustrie	977	1815	1490	3424
	Arbeiterinnen		*Weibliche Angestellte*	
Industrie insgesamt	777	1871	1001	2532
Chemische Industrie	836	2062	1144	2886
Textilindustrie	780	1798	935	2346

der Angestellte: *white-collar worker*

„Ihr Marlboro-Männer habt's gut. Wir Camel-Leute müssen immer zu Fuß laufen."

Was kann der Arbeiter mit seinem Lohn° kaufen?

wage

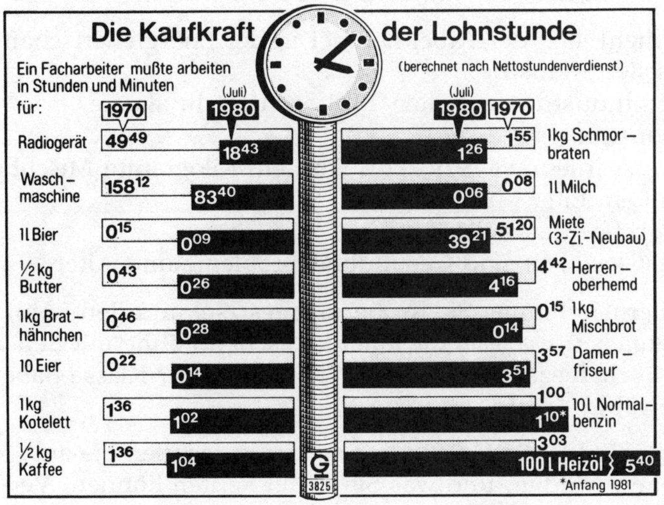

Was kauft man aber oft mit dem Lohn?

Wer sind die Arbeitslosen in Deutschland?

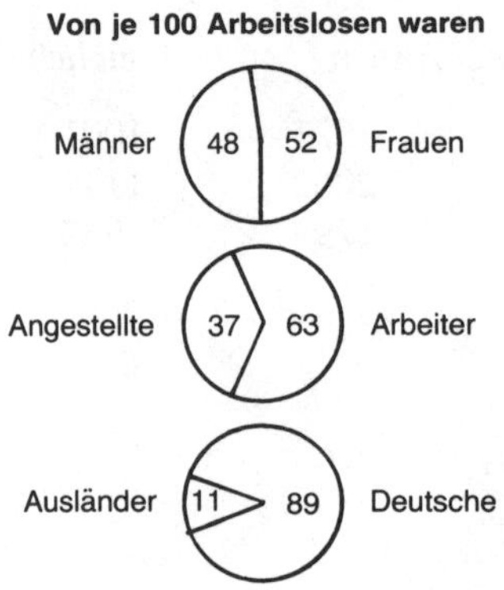

Sie sind oft:

- älter als 55 Jahre (17%)
- länger als ein Jahr ohne Arbeit (19%)

Und sie haben meistens:

- Gesundheitsprobleme (35%)
- keine abgeschlossene° Berufsausbildung (56%)

° *completed*

ÜBUNGEN UND AKTIVITÄTEN

A. Richtig oder falsch? Schreiben Sie jeden falschen Satz um, so daß er richtig ist.

1. Durchschnittlich (*on the average*) verdient jetzt der Arbeitnehmer in der Energiewirtschaft mehr als der Arbeiter in der chemischen Industrie.
2. Die Arbeitnehmer in der chemischen Industrie verdienen 20 Prozent mehr als die Arbeitnehmerinnen in derselben Industrie.
3. Für eine Stunde Arbeit konnte der Arbeitnehmer 1979 zehn Eier, ein Kilogramm Mischbrot (*mixed-grain bread*), ein Liter Bier und ein Liter Milch kaufen.
4. Die meisten Arbeitslosen sind männliche Angestellte.
5. Die größten Risikofaktoren für Arbeitslosigkeit sind Gesundheitsprobleme und Alter.

B. Was für Löhne erwarten Sie in Ihrem Beruf? Nennen Sie Ihr berufliches Ziel und den Lohn, den Sie erwarten. Vergleichen Sie möglichenfalls (*if possible*) die amerikanischen Löhne mit den deutschen. Was sind zur Zeit die fünf höchstbezahlten Berufe? Wie viele in der Klasse haben einen von diesen fünf als Berufsziel gewählt?

C. Was können Sie mit Ihrem Lohn kaufen? Bilden Sie kleine Gruppen, und rechnen Sie aus, was Sie pro Stunde in Ihren Berufen verdienen werden, und was Sie damit kaufen können. Vergleichen Sie die Resultate mit der Kaufkraft der deutschen Lohnstunde.

C. MEINUNGEN

Was halten deutsche Jugendliche von der Arbeitswelt? Lesen Sie die folgenden Interviews der Klasse vor, und machen Sie dann die Übungen und Aktivitäten.

MÄDCHEN AUS PADERBORN: Eigentlich wollte ich Kindergärtnerin werden, doch es ist nicht so leicht mit der Ausbildung. Da ich eine Volksschülerin° bin, habe ich wenige Chancen gehabt. Bei der heutigen Arbeitslosigkeit, war ich froh, meine Stelle als Bürokaufmann° zu bekommen.

graduate of elementary school

office clerk

MÄDCHEN AUS NORDMÜNSTERLAND: Wie man auf dem Arbeitsamt° behandelt° wird, ist zum Teil° haarsträubend.° Ich habe einmal erlebt,° wie 20 Leute in fünf Minuten „abgespeist" wurden.°

employment bureau

treated / zum ...: *in part*

hair-raising / *experienced*

abgespeist werden: *to be run through*

JUNGE AUS PASSAU: Die größte Schwierigkeit° bei der Stellensuche° sind Beziehungen.° Man kommt oft zu einem Arbeitgeber, der absagt,° weil er einer Bekannten° versprochen hat, ihren Sohn oder ihre Tochter einzustellen.° Es sind auch Ausreden.°

difficulty

bei ...: *during the job hunt* / *connections*

says no / *acquaintance (fem.)*

einstellen: *to hire*

excuses

JUNGE AUS EICHSTÄTT: Angestellte im Büro können die Pausen so legen,° wie sie es gern möchten. Arbeiter in der Werkhalle° müssen die Pausen genau so einhalten,° wie sie vom Chef vorgeschrieben werden.°

Angestellten im Büro wünscht man „Guten Morgen" mit Handschütteln,° Arbeitern sagt man nur ein kurzes „Morgen".

Arbeiter tragen Overalls, Meister° tragen graue Kittel.° Monteure° weiße Kittel. Chef und Abteilungsleiter° Anzug° und Krawatte.°

to arrange
shop
to keep
vorgeschrieben werden: *are prescribed*
handshake
senior craftsman
smock / assembly worker
department head
suit / tie

die Ausbeutung: *exploitation*

AKTIVITÄTEN

A. Wortschatzübung. Füllen Sie die Lücken mit den richtigen deutschen Wörter aus.

1. Bei der _____ (*looking for a job*) sind oft _____ (*connections*) sehr wichtig.
2. Manchmal will der Arbeitgeber einfach den Sohn eines Bekannten _____(*hire*).
3. Allzuoft hört man nur _____ (*excuses*).
4. Bei der Stellensuche spielt die _____ (*training*) auch eine Rolle.
5. Viele gehen zum _____ (*employment bureau*), besonders bei hoher _____ (*unemployment*).
6. Im Büro behandelt man die _____ (*white-collar workers*) besser als die _____ (*blue-collar workers*) in der _____ (*shop*).

B. Koordinationsübung. Wer meint was? Erklären Sie in einem Satz die Meinung von jedem der vier Jugendlichen. Benutzen Sie dazu die folgenden Anhaltspunkte.

1. Der Junge aus Eichstätt ...
2. Das Mädchen aus Paderborn ...
3. Das Mädchen aus Nordmünsterland ...
4. Der Junge aus Passau ...

halten von / wenig / Arbeitsamt
haben / nicht / richtige / Beziehungen
keine Kindergärtnerin / werden / weil / keine richtige Ausbildung / haben
wollen / Sozialarbeiter / werden
sehen / soziale Ungleichheit / zwischen / Arbeiter und Angestellten

C. Was für Arbeit haben Sie schon gemacht? Interviewen Sie einander über Ihre Arbeitsstellen, und berichten Sie nachher von Ihren Interviews. Benutzen Sie die folgende Stichwortliste für Ihre Fragen.

Wo / Arbeitsstelle?
Was für eine?
Beziehungen / Ausbildung / wichtig?
Sie / Angestellter / oder / Arbeiter?
Welche Probleme / haben?
Wie / Arbeitsstelle / besser / werden?

D. Etwas Praktisches. Lesen Sie die folgenden Fakten und Stellenangebote (*job offers*) und auch das Bewerbungsschreiben (*letter of application*) in der Klasse vor, und machen Sie dann die Übungen und Aktivitäten.

Wie bekommt man Arbeit in Deutschland?

Vier Faktoren spielen eine große Rolle:

- die Zeugnisse° — *grades and diplomas*
- die Bewerbungsschreiben
- das Einstellungsgespräch° — *interview*
- der Test

Wie sieht ein deutsches Stellenangebot aus?

1 Fremdsprachenkorrespondentin° für spanische Korrespondenz. Arbeitgeber: Maschinenfabrik, 7290 Freudenstadt. Eintritt° sofort. Arbeitsamt-Dienststelle°
7290 Freudenstadt 31.5-32/59

die Korrespondentin: *correspondent*
start
die Dienststelle: *office*

5 Kellner° Fachkräfte,° auch Ausländer° mit sehr guten Deutschkenntnissen.° Arbeitgeber: Café-Restaurant des gehobenen Niveaus.° Vollzeit, Wechseldienst° zwischen 12 und 24 Uhr, 42-Std.°-Woche, Eintritt sofort, Anwesenheitsverpflegung.°
Arbeitsamt 1 Berlin (West)
1000 Berlin 45 121-32/589

waiters / trained worker / foreigners
knowledge of German
des ...: *of high quality / fluctuating shifts*
Std.: Stunden
meals in-house

Wie sieht ein Bewerbungsschreiben aus?

Nicholas Fowler
Viktor-Scheffel-Str. 15
8000 München 40
28. Juni 19..

Arbeitsamt München
Thalkirchner Str. 54
8000 München 15

Betreff:° Arbeitssuche

Sehr geehrte Herren!

Bitte teilen Sie mir mit,° ob Sie mir eine Arbeitsstelle vermitteln° können. Ich bin amerikanischer Staatsangehöriger,° 24 Jahre alt, Sprachenstudent, und möchte während der Semesterferien vom 27. Juli bis zum 15. Oktober als Übersetzer oder Dolmetscher° für Englisch arbeiten. Es käme auch eine Halbtagstätigkeit° in Frage.

Für eine baldige° Antwort wäre ich Ihnen dankbar.

Mit freundlichen Grüßen°

N. Fowler

N. Fowler

re
mitteilen: *to inform*
to procure
citizen
interpreter
Es käme ... in Frage: *I would consider*
die Tätigkeit: *work*
prompt
greetings

ÜBUNGEN UND AKTIVITÄTEN

A. Wortschatzübung. Bilden Sie zusammengesetzte Substantive nach dem Modell.

BEISPIEL
Einer, der Arbeit gibt, heißt der Arbeitgeber.

1. Einer, der Arbeit hat, heißt Arbeit____ oder Arbeit____.
2. Der Job, den man sucht, heißt die Arbeits____ oder der Arbeits____.
3. Das Gebäude, in dem man Arbeit sucht, heißt Arbeits____.
4. Die Stelle, wo man dient, heißt Dienst____.
5. Einer, der keine Arbeitsstelle hat, ist Arbeits____.
6. Wenn man Arbeit sucht, ist man bei dem Arbeits____.
7. Eine Arbeit, bei der man den ganzen Tag arbeitet, heißt Ganz____.
8. Ein Job, bei dem man nur den halben Tag arbeitet, heißt eine Halb____.
9. Eine Anzeige, die eine Stelle anbietet, heißt ein Stellen____.
10. Wenn man Deutsch gelernt hat, hat man Deutsch____.
11. Ein Brief, in dem man sich um eine Stelle bewirbt, heißt ein Bewerbungs____.
12. Der Anfang einer Arbeitsstelle heißt der Ein____.

B. Fragen über die Stellenangebote und das Bewerbungsschreiben

1. Was für Stellen bieten die beiden Stellenangebote an?
2. Wer bietet die Stellen an, und wann ist der Arbeitseintritt in beiden Anzeigen?
3. Wo sollen sich die Arbeitssuchenden melden?
4. Was betrifft das Bewerbungsschreiben von Herrn Fowler?
5. Was für eine Arbeitsstelle möchte Herr Fowler bekommen?
6. Was für Informationen bietet Herr Fowler über sich an?

C. Besprechen Sie in kleinen Gruppen, wie man einen Job bekommt. Welche Faktoren halten Sie für wichtig? Vergleichen Sie Ihre Faktoren mit denen in Deutschland unter **Etwas Praktisches**, und berichten Sie dann der Klasse die Resultate. Stufen Sie die Faktoren nach ihrer Wichtigkeit ein.

D. In kleinen Gruppen schreiben Sie mit Hilfe der Stichwortliste eine kurze Anzeige für einen freien Arbeitsplatz, den der Lehrer für Sie wählt. Schreiben Sie dann nachher Ihre Anzeigen an die Tafel und vergleichen Sie sie miteinander.

Zeugnisse
Bewerbungsschreiben
Einstellungsgespräch
Test
berufliche Erfahrung° — *experience*
Alter
Gesundheit
persönliche Erscheinung° — *appearance*
Stimme
allgemeine Bildung
Beziehungen

SCHLUSSAKTIVITÄTEN

A. Welche Arbeit oder welchen Beruf würden Sie wählen und warum? In welchen Berufen kann man am meisten verdienen? am besten der Gesellschaft helfen? am kreativsten sein? Beantworten Sie diese Fragen mit Hilfe der folgenden Stichwortlisten.

Sozialarbeiter	Arzt	
Arbeitgeber	Arbeitnehmer in einer Industrie	
Musiker, Künstler°	Kaufmann	*artist*
Dolmetscher	Kindergärtnerin	
Mechaniker	Ingenieur°	*engineer*
Verkäufer(-in)°	Oder?	*sales clerk*

Ich will ____ werden, weil ich ________.

Menschen / gerne / helfen
mit Menschen / gerne / reden
die Dinge / gerne / reparieren
viel Talent / dafür / haben
viel Geld / verdienen / wollen
soziale Unterschiede / wichtig / halten für
die Frau / sein
mit meinen Händen / gerne / arbeiten
nicht gerne / arbeiten
der Beruf / die Zukunft° / gehören zur — *future*
mit Kindern / gerne / arbeiten
die Pferde / nicht / mögen
die Fremdsprachen / gerne / sprechen

Als ____ kann man am meisten verdienen.
am besten der Gesellschaft helfen.
am kreativsten sein.

B. Vom Interview zum Porträt. Interviewen Sie einen Freund/eine Freundin über seine/ihre Arbeitswelt, und erzählen Sie der Klasse von Ihrem Interview. Benutzen Sie das schon eingeführte Vokabular.

C. Debatte. Wer darf streiken und unter welchen Umständen? Stufen Sie Ihre Antworten ein (z.B. 1, 2, 3, 4 usw.). Versuchen Sie dabei, einige Ausdrücke aus der Redemittelliste und der folgenden Liste von Gruppen und Gründen zu verwenden.

1. Behaupten:

   Ich denke, daß ...
   Ich stelle mir vor, daß ...

2. Widersprechen:

   Das ist doch einfach nicht wahr!
   So kann man das eigentlich nicht sagen!

3. Zeit zum Nachdenken gewinnen:

   Laß mich mal nachdenken ...
   Wenn du mich fragst, ...

4. Nachfragen:

   So?
   Wie hast du das gemeint?

5. Zustimmen:

   Da hast du recht!
   Ja, das meine ich auch!

GRUPPEN	**GRÜNDE**
???	mehr Geld (Lohn)
Studenten	Vollbeschäftigung
Angestellte	mehr Urlaub
Krankenschwestern	mehr soziale Zuschüsse°
die Polizei	mehr Arbeitsstellen
die Feuerwehr	Krankenversicherung°
Professoren	Rehabilitation
Lehrer	Mitbestimmung
Arbeitnehmer	besserer Arbeitsplatz
Beamte	besseres Verhältnis zwischen Arbeitgebern und Arbeitnehmern

Zuschüsse: *subsidies*

die Versicherung: *insurance*

ETWAS ZUM SCHREIBEN

Mit Hilfe der folgenden Stichwörter schreiben Sie ein Bewerbungsschreiben an ein Arbeitsamt in einer deutschen Stadt.

Betreff	Ferien
Arbeitssuche	suchen
mitteilen	arbeiten
Arbeitsstelle	baldig
vermitteln	Antwort
Staatsangehöriger	danken
Student	mit freundlichen Grüßen
Semester	

6 Medien und Freizeit

EINFÜHRUNG UND BILDGESCHICHTE

Lesen Sie die Einführung als Vorbereitung auf die Aktivitäten.

A. EINFÜHRUNG

Ein Wort über die Freizeit

„Freizeit" ist ein Begriff, den es noch gar nicht so lange gibt. Früher mußten die Menschen zwölf Stunden lang oder sogar länger am Tag arbeiten, und nur an dem kurzen Feierabend° hatten sie Zeit zum Entspannen.° Heute aber bleibt den Menschen nach einem achtstündigen Arbeitstag noch viel Freizeit. Dazu kommen die langen Wochenenden, die Feiertage° und die Ferien.

Feierabend: *time after work*
zum …: *to relax*
Feiertage: *holidays*

Was machen die modernen Deutschen, wenn sie nicht arbeiten?

Bis zu 70 Prozent° ihrer Freizeit verbringen° sie vor dem Fernseher. Das war das Resultat einer Umfrage,° ein überraschendes Resultat, denn niemand ist in Deutschland mit den Sendungen° zufrieden, die in die Wohnzimmer kommen.

percent / spend
survey
broadcasts

AKTIVITÄT

Welche Parallelen finden Sie zwischen der Freizeit in Deutschland und Ihrer Freizeit? Sprechen Sie darüber mit Ihrem Nachbar/Ihrer Nachbarin.

1. In Deutschland hatten die Menschen früher am Feierabend nur Zeit zum Ausruhen (*to rest*). Und Sie?
2. In Deutschland haben die Menschen heute viel Freizeit, weil sie nur acht Stunden am Tag arbeiten. Und Sie?
3. In Deutschland haben die Menschen lange Wochenenden, viele Feiertage und 3–4 Wochen lange Ferien. Und Sie?
4. Die Deutschen verbringen bis zu 70 Prozent ihrer Freizeit vor dem Fernseher. Und Sie?
5. Die Deutschen sind mit ihren Fernsehprogrammen nicht zufrieden. Und Sie?

B. BILDGESCHICHTE

In der folgenden Bildgeschichte stört° es den Sohn, daß sein Vater jeden Abend fernsieht.° Aber auch bei ihm ist es jeden Abend dieselbe Beschäftigung. Lesen Sie die Bildgeschichte, und beantworten Sie die Fragen.

° *bother*
° *watches TV*

aushalten: *(can) stand* sich knallen: *to flop down* der Spießer: *square* toter Typ: *bore*

ÜBUNGEN UND AKTIVITÄTEN

A. Inhaltsfragen über die Bildgeschichte

1. Wie beschäftigt sich (*to busy oneself*) der Vater auf dem ersten Bild, und was hat er in der Hand?
2. Wie reagiert der Sohn?
3. Warum nennt er den Vater einen „toten Typ"?
4. Wohin geht er?
5. Was macht er da?
6. Worüber sprechen die Leute an der Bar?

B. Kennen Sie jemanden, der/die jeden Abend mit einem Bier vorm (vor dem) Fernseher sitzt? Wie halten Sie das aus?

Diskutieren Sie in kleinen Gruppen, wie sie darauf reagieren, und warum. Benutzen Sie die folgenden Vorschläge (*suggestions*).

ich halte das ... aus	nicht
es stört mich	gut
ich finde das	nicht gut
	ganz in Ordnung, denn
	nicht gesund
	langweilig
	dumm
	schrecklich°
	Oder?

° *terrible*

ich mache es auch so
ich bin ein aktiver Mensch
ich mag kein Bier
ich höre lieber Musik
ich kann mich nicht konzentrieren
ich hasse das Geräusch° — *noise*
jeder soll seine Freizeitbeschäftigungen selbst wählen
Sport treiben° ist besser — *to engage in*
man wird nur dick
man braucht Abwechslung° — *variety*

FAKTEN UND MEINUNGEN

A. FAKTEN

Junge Leute wurden auf der Straße in Freiburg über ihre Freizeitaktivitäten befragt, und das folgende Interessendiagramm ist das Resultat dieser Interviews. Dieses Kapitel bezieht sich auf° das Interessendiagramm und behandelt die fünf folgenden Freizeitaktivitäten:

sich beziehen auf: *to refer to*

1. Der Sport
2. Die Musik
3. Das Lesen
4. Das Fernsehen
5. Der Film

	Sport treiben	*Musik hören, machen*	*Hobby haben*	*Freunde besuchen*	*Lesen*	*Fernsehen*	*Kino gehen*
Klaus 16, Gymnasiast	X	X					
Peter 21, Azubi*		X		X	X		
Christiana 15, Gymnasiastin				X		X	
Michael 20, Elektromechaniker				X			X
Frederika 22, Studentin		X	X		X		
Roswitha 21, Azubi	X		X		X		
Martin 16, Gymnasiast	X	X	X				
Susi 18, Verkäuferin	X	X				X	
Martina 21, Azubi	X	X			X		
Eva 17, Gymnasiastin				X			

**short for* Auszubildende(r): *trainee*

	Sport treiben	*Musik hören, machen*	*Hobby haben*	*Freunde besuchen*	*Lesen*	*Fern-sehen*	*Kino gehen*
Jupp 21, Student	X				X	X	
Monika 21, Studentin	X	X			X		
Georg 16, Gymnasiast	X	X			X		
Ingo 17, Berufsfachschüler	X	X	X				
Christian 17, Gymnasiast	X	X					
Bärbel 14, Gymnasiastin	X	X					
Michael 22, Student	X	X			X		
Claudia 17, Gymnasiastin	X	X	X				
Uwe 23, Arbeiter	X						
Michael 16, Realschüler	X						
Markus 17, Berufsfachschüler	X	X		X			
Wolf 27, Elektroingenieur		X				X	
Rainer 19, Lehrling		X				X	X
Wilhelm 19, Lehrling	X		X				
Dorothea 24, arbeitslos	X	X	X				

Der Sport

Lesen Sie den Text als Vorbereitung auf die Aktivitäten.

Der Sport ist also die beliebteste° Freizeitaktivität bei den Jugendlichen im Alter von 14–27 Jahren. Aber nicht nur junge Menschen treiben Sport, jeder fünfte Deutsche ist in einem Sportverein.° Länder, Städte und Privatpersonen ermöglichen° allen den Sport „vom Kindergarten bis zum Altersheim."

most popular
der Verein: *club*
make possible

Die beliebtesten Sportarten der Freiburger sind folgende:

radfahren	Handball spielen
reiten	Frisbee spielen
turnen°	Fußball° spielen
schwimmen	wandern
Tennis spielen	windsurfen

to do gymnastics / soccer

Und einige Sportarten dazu:

Korbball° spielen — *basketball*
boxen
Raketball spielen
Volleyball spielen
segeln° — *to sail*
schilaufen gehen
Bogen schießen° — Bogen ...: *archery*

AKTIVITÄTEN

A. Was ist Ihr Lieblingssport (Lieblings: *favorite*)? Welchen Sport oder welche Sportarten treiben Sie am liebsten? Benutzen Sie die angegebenen Begründungen oder Ihre eigenen Ideen. Vergleichen Sie dann die Sportarten die die Klasse gewählt hat mit denen der Freiburger.

BEISPIEL
Ich fahre am liebsten Rad, denn ich gehe nicht gern zu Fuß.

Team / spielen
siegen° — *to win*
Wasser / lieben
Geschwindigkeit° / gefallen — *speed*
Hallensport / lieber haben
im Freien° / Sport treiben — *out of doors*
Tier / als Freund / haben
Natur / lieben

B. Ein Ratespiel (raten: *to guess*). Bilden Sie Gruppen. Jede Gruppe wählt eine Sportart, die die andere Gruppe raten muß. Sie stellt Fragen wie „Macht man es im Wasser?", und die Antwort darf nur „ja" oder „nein" sein.

EINIGE IDEEN ZUM ANFANGEN:

zu Fuß?	mit einem Rakett°?	*racket*
auf Rädern?	mit einem Netz?	
auf dem Boden°?	allein?	*floor*
mit einem Tier?	in einem Team?	
im Winter?	zu jeder Jahreszeit?	
viel trainieren?	mit einem Partner?	
mit einem Ball?	mit Musik?	
im Verein?	im Wasser?	
ein Wettkampf°	auf dem Wasser?	*match, competition*

Die Musik

Lesen Sie den Text als Vorbereitung auf die Aktivitäten.

Musik steht bei den Freiburgern auf dem zweiten Platz ihrer Freizeitaktivitäten. Welche Musik lieben die jungen Leute in Deutschland? Amerikanische Bands natürlich. Deren Konzerte sind immer ausverkauft. Zu Hause haben sie alle ihre Radios und Stereos, wo sie die Lieder der letzten „Hit-Liste" spielen.

Aber viele Deutsche spielen selbst Instrumente, wie Klavier,° Geige,° Cello oder Flöte,° und es macht ihnen Spaß, Musik machen zu dürfen, ohne perfekt spielen zu müssen. Das Fernsehen und die Schallplattenindustrie° haben der Amateurmusik kein Ende machen können. Im

piano / violin
flute
die Schallplatte: *record*

Gegenteil,° je perfekter und damit kälter die Mechanismen der modernen Massenmedien werden, desto° mehr wollen die Menschen einen psychischen Ausgleich° durch ihre Musik finden.

Im ...: *on the contrary*
je ... desto: *the . . . the*
compensation

ÜBUNGEN UND AKTIVITÄTEN

A. Interview. Wir und die Musik. Arbeiten Sie möglichst in Paaren. Interviewen Sie einander, und machen Sie dann einen Bericht, den Sie der Klasse vorlesen. Stellen Sie an die anderen Studenten die folgenden Fragen:

1. Welche Art Musik hörst du gern?
2. Hörst du meistens Schallplatten, Kassetten oder Radio?
3. Zu welcher Tageszeit hörst du Musik?
4. Welche Art Musik machst du selbst?
5. Welches Instrument spielst du?

NOCH EINIGE INSTRUMENTE

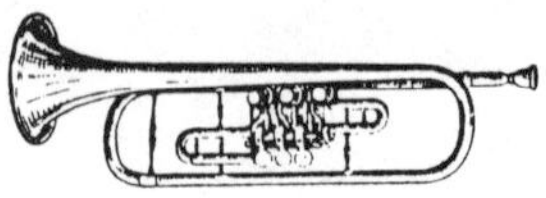

die Trompete

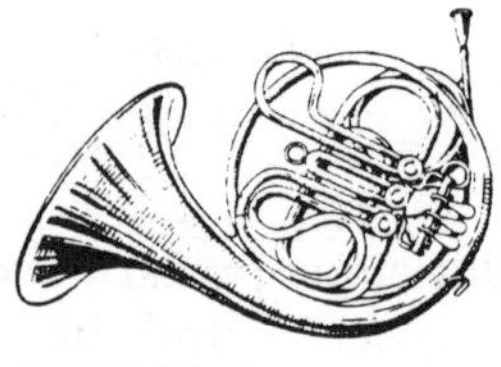

das Waldhorn

die Oboe

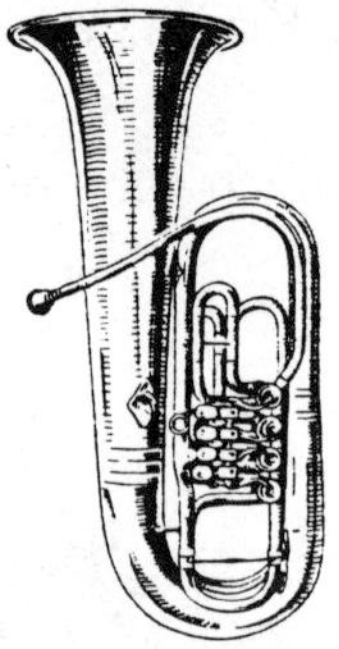

die Tuba

die Posaune

EIN PAAR WEITERE INSTRUMENTE

die Gitarre
das Akkordeon

B. Ein Wettspiel. Wer schreibt den besten Text? Bilden Sie kleine Gruppen. Sie haben zehn Minuten Zeit, das folgende Gedicht von Lord Byron, das Joan Baez als Lied populär gemacht hat, ins Deutsche zu übersetzen. Die beste Version gewinnt.

SO WE'LL GO NO MORE A-ROVING

So we'll go no more a-roving
So late into the night,
Though the heart be still as loving,
And the moon be still as bright.
. . . .
Though the night was made for loving,
And the day returns too soon,
Yet we'll go no more a-roving
By the light of the moon.

LORD BYRON, 1817

Lesen

Lesen Sie den Text als Vorbereitung auf die darauffolgenden Aktivitäten.

Die Bundesrepublik steht auf dem dritten Platz in der Produktion von Büchern; nur die USA und die UdSSR° veröffentlichen° mehr Titel als sie. *USSR / publish*

Studenten aller Studienfächer sagen ihre Meinung über diese Frage:

Welche deutschen Autoren sind am beliebtesten?

AUTOR	BELIEBT %	NICHT BELIEBT %	NUR DEM NAMEN NACH BEKANNT %	UNBEKANNT %
Heinrich Böll	82	12	3	3
Bertolt Brecht	81	13	4	2
Thomas Mann	81	10	7	2
Friedrich Dürrenmatt	70	6	10	5
Hermann Hesse	76	10	12	2
Heinrich Heine	74	9	14	3
Günter Grass	68	20	8	4
Franz Kafka	66	19	11	4

Westdeutsche Leser haben großes Interesse an ausländischer Literatur. Kürzlich° wurden in einem Jahr 6105 Titel aus 51 Sprachen ins Deutsche übersetzt und veröffentlicht. *recently*

Welche ausländischen Autoren sind bei den deutschen Studenten am beliebtesten?

AUTOR	BELIEBT %	NICHT BELIEBT %	NUR DEM NAMEN NACH BEKANNT %	UNBEKANNT %
Ernest Hemingway	78	9	9	4
Aleksandr Solschenitsyn	61	20	15	4
Jean-Paul Sartre	60	19	16	5
Albert Camus	56	6	8	20
John Steinbeck	56	9	19	16
Henry Miller	44	21	25	10
James Joyce	39	9	30	22
Truman Capote	29	9	29	33
William Faulkner	26	6	34	34

ÜBUNGEN UND AKTIVITÄTEN

A. Bilden Sie kleine Gruppen, und finden Sie heraus, wieviele Studenten einige der deutschen Autoren kennen. Versuchen Sie dann, einige Titel von ihren Büchern zu nennen.

B. Machen Sie drei Interviews, und berichten Sie über die Resultate. Stellen Sie diese Fragen:

1. Wie viele Bücher liest du im Monat?
2. Was für Bücher liest du am liebsten?
3. Welchen ausländischen Autor hast du zuletzt gelesen?
4. Hast du schon einmal selbst versucht zu schreiben?

Hier sind einige wichtige Wörter:

der Roman° — *novel*
die Erzählung° — *short story*
das Gedicht° — *poem*
der Band° — *volume*
der Krimi° — *whodunit*
der Zukunftsroman° — *sci-fi novel*
die Liebesgeschichte
die Abenteuergeschichte° — das Abenteuer: *adventure*
das Sachbuch° — *nonfiction*

„Mein Mann schreibt Science-Fiction Romane."

C. Bringen Sie Ihr Lieblingsbuch zur Klasse, erzählen Sie, wovon es handelt (handeln von: *to be about*), und warum es Ihnen so gut gefällt.

Sind Sie auch ein Bücherwurm?

Das Fernsehen

Lesen Sie den Text, und sehen Sie das Fernsehprogramm durch als Vorbereitung auf die Aktivitäten.

Nur fünf von den jungen Freiburgern sagen, daß sie in ihrer Freizeit fernsehen, aber die meisten Deutschen verbringen 70 Prozent ihrer Freizeit vor dem Bildschirm.° Was wird ihnen geboten? — *screen*

„Laß dich hier nie wieder sehen! Verstehst du ...?"

Sonntag, 26. Juni

1. Programm

9.30 Programmvorschau (Wh)

10.00 Japan oder
„Die Suche nach dem verlorenen Reis"
Aus der Reihe „À la Carte". Film von Ferry Radax (1)

10.45 Die Sendung mit der Maus

11.15 „Jetzt oder nie"
Saluas „La Paloma"-Traum
Film von Simone Bergmann

12.00 Der Internationale Frühschoppen
Gastgeber: Werner Höfer

12.45 Tagesschau
mit Wochenspiegel

13.15 Schön Rosmarin und Liebesleid
Caféhausmusik der Jahrhundertwende
Regie: Klaus Lindemann

13.50 Magazin der Woche

14.50 Schau ins Land (13)
Eine Spielserie mit Alltagsabenteuern (Kinderprogramm)

15.20 Die Welt in jenem Sommer
Von Robert Muller (Wh)
Mit Jan-Claudius Schwarzbauer, Hermann Lause, Kathrin Schaake, Grete Wurm, Christina Carstens u. a. Regie: Ilse Hofmann
Die Handlung spielt im Sommer 1936 in Hamburg, vor dem Hintergrund der in Berlin stattfindenden Olympischen Spiele. Erzählt wird das Schicksal einiger Kinder in der NS-Zeit

17.05 Tour de Ruhr (5)
Eine sechsteilige Serie von Elke Heidenreich (Mit Videotext-Untertiteln)

17.45 Tagesschau

17.48 Die Sportschau
Internationales Reitturnier – CHIO. Großer Preis von Aachen; Dressur-Europameisterschaften. Einzel-Finale in Aachen

19.15 Wir über uns

19.20 Weltspiegel

20.00 Tagesschau

20.15 Tatort
Wenn alle Brünnlein fließen
Von Detlef Müller
Mit Peter Dirschauer, Claudia Wedekind, Joachim Hansen, Ulrich von Bock, Lutz Hochstraate u. a. Regie: Pete Ariel

Arnold Severing ist Bauunternehmer in einer Kleinstadt Schleswig-Holsteins. Jetzt wartet er auf den Zuschlag für den Bau einer Umgehungsstraße. Er hat investiert und braucht das Geld. Doch die Straße fällt dem Sparprogramm zum Opfer. Auch für die Inhaber kleinerer Firmen ist das eine Katastrophe . . . Foto: Friedrich Schütter, Claudia Wedekind, Joachim Hansen

22.00 Die Feuerwehr hilft – vorbeugen mußt Du
Einfache Regeln des Brandschutzes

22.05 Tagesschau

22.10 Menschen und Straßen
Schalom oder Wir haben nichts zu verlieren
Libanon und Westbank im Jahre 1982
Beobachtungen und Begegnungen
Von Michael Mraktisch

0.25 Tagesschau

2. Programm

9.15 Katholischer Gottesdienst

10.00 Programmvorschau (Wh)

10.30 ZDF-Matinee
20 Jahre ZDF – Ihr Programm
Sport – nicht nur das 2 : 0!
Erinnerungen von Ali bis Zatopek

12.00 Das Sonntagskonzert
„Burgberger Spezialitäten"
Musikantentreffen in Burgberg im Oberallgäu (Mehrkanalton)

12.45 Freizeit
Freizeit-Koch: das Bresshuhn; Wiesbaden: Eine Straße feiert deutsch-französische Freundschaft

13.15 Chronik der Woche
(Mit Videotext-Untertiteln)
Fragen zur Zeit

13.40 Unsere Nachbarn, die Franzosen (1. Wh)
Wiederholt werden vier Folgen der sechsteiligen Sendereihe

14.10 Anderland
Thomas und der lange Weg

14.40 Heute

14.45 Danke schön
Die Aktion Sorgenkind berichtet

14.50 Manav Kendra – anpacken statt aussteigen
Filmbericht von Wulfing von Rohr und Georg Eich

15.30 Die Sport-Reportage
Deutsche Leichtathletik-Meisterschaften gegen 17.00 **Heute**

17.45 Auf den Geschmack gekommen
Fremde Küchen in Deutschland

18.15 Tagebuch
Aus der katholischen Kirche

18.30 Tiere unter heißer Sonne
Der Löwe als Familienoberhaupt

18.58 ZDF – Ihr Programm

19.00 Heute

19.10 Bonner Perspektiven

19.30 Endstation Sehnsucht
Amerikanischer Spielfilm von 1951
Mit Vivien Leigh, Marlon Brando, Kim Hunter, Karl Malden u. a. Regie: Elia Kazan (Wh)

21.25 Heute, Sport am Sonntag

21.40 Das zweitälteste Gewerbe
Über die kulturelle Ausplünderung der Dritten Welt berichtet von Klaus Eckstein

22.10 Stippvisite in Las Vegas
Frank Elstner in der Weltstadt des Showbusiness
Mit Elke Sommer, Liberace, Raquel Welch, Bee Gees, Cab Calloway, Chuck Berry, Chubby Checker, Rosemary Clooney, Henri Mancini, Olivia Newton-John, Dean Martin, Frank Sinatra, 5th Dimension, Paul Anka u. a.

23.40 Heute

Nachbarländer

DDR
20.00 Schätzen Sie mal **21.15** Verloren und wiedergefunden **22.05** Aktuelle Kamera **22.20** Leichtathletik-Länderkampf: USA–DDR **2. Progr.: 19.00** Sport **20.00** Die Irrfahrt (3) **21.05** Wenn ihr diesen Planeten liebt. Dokumentarfilm **21.30** Aktuelle Kamera **22.00** „Ich armes, armes Mädchen".

Österreich
20.15 Auf den Spuren der Aida. Mit Marcel Prawy **21.15** Die Propheten. Oper nach dem Stück von Slawomir Mrozek **22.10** Sport **22.30** Ingeborg-Bachmann-Preis 1983 (3) **2. Progr.: 20.15** Tatort. Krimi **22.00** Dynasty – Denver Clan **22.50** Filmforum. Cowboys der Landstraße **23.35** Hundert Meisterwerke

Schweiz
20.00 Concerto. Maurice Ravel. Klavierkonzert G-Dur. Solist: Arturo Benedetti-Michelangeli **20.25** King Kong. Film **22.35** Tagesschau **22.45** Neu im Kino **22.55** Tatsachen und Meinungen

Luxemburg
19.15 Tagesschau **19.30** Flash back **20.00** Roots (1) **21.00** Un homme qui me plait. Film von Claude Lelouch mit Annie Girardot, Jean-Paul Belmondo

3. Programm

BAYERN

18.45 Rundschau
19.00 Unter unserem Himmel
Die schöne Mirzl
oder Das Probejahr. Romantisches Volksstücklein
Von Max Dingler
Aufführung des „Original Murnauer Bauerntheaters"
20.25 Ferdinand Weisheitinger, alias Weiß Ferdl
Geschichten und Legenden
21.25 Rundschau
21.40 Durch Land und Zeit
21.45 Unter dem Hammer
Schicksale um ein Auktionshaus
22.30 Bücher beim Wort genommen
23.15 Rundschau

SÜDWEST

16.00 Sehen statt hören
16.30 Ihre Heimat – unsere Heimat
Portugal, Italien, Türkei
17.30 Das feuerrote Spielmobil
18.00 Tier-Report
Bunte Welt der Alpentiere
18.45 Die Tiersprechstunde
Krebs bei Tieren
19.00 **Der Schuß von der Kanzel**
Schweizer Spielfilm (1942)
Regie: Leopold Lindtberg
20.50 Komm, liebe Zither
Peter Schreier singt Mozart-Lieder
Baden-Württemberg
21.45 Sport im Dritten

HESSEN

16.00 Sehen statt hören
16.30 Ihre Heimat – unsere Heimat
Portugal, Italien, Türkei
17.30 Rockpalast
Gianna Nannini
18.15 Reisewege zur Kunst
Spanien. Madrid
Ein Film von Wolf Hanke
19.00 Ferien in der Ägäis (2)
Kalymnos und Patmos
19.15 Die Sprechstunde
IGA-Gesundheitsküche
20.00 **Deutsches Turnfest 1983 Frankfurt am Main**
Eröffnungsveranstaltungen in der Paulskirche und im Waldstadion
22.15 Im Banne des blonden Satans
Spielfilm, Frankreich 1953
Mit Eddie Constantine, Dominique Wilms, Howard Vernon, Joan Maro Tennberg u. a. Regie: Bernard Borderie
23.50 Dallas (12)
Das Idol (bis ca. 0.35 Uhr)

WDR

16.30 Ihre Heimat – unsere Heimat
17.30 Sehen statt hören
18.00 Sie kam aus dem All (12)
Tschechische Spielserie
18.30 Ausländer – Inländer (Wh)
Sendereihe nicht nur für Ausländer
9. . . . wie wir uns verstehen
19.00 Aktuelle Stunde
Sonntagsmagazin
20.15 Abenteuer Südsee
6. Hallo Honululu – bitte melden . . .!
Bericht von Frank Baron
21.00 **Auslandsstudio**
21.45 Wencke
Ein Abend mit Wencke Myhre
23.10 Experimente
Le chien mélomane
(Der musikliebende Hund)
Film von Paul Grimault
23.25 Nachrichten

NDR, BREMEN, SFB

18.00 Sesamstraße
18.30 Die Erben Lilienthals (Wh)
Die große Zeit der Luftschiffe
19.15 Reisewege zur Kunst: Österreich
Burgenland
Film von Gottfried Sello
20.15 Die tausend Gesichter der Salome
Film von Claus-Ferdinand Siegfried
21.15 **Arche 2000**
Geplant: ein Korallenriff stirbt; Löwenbabys als Werbeträger; Seehunde sterben durch weggeworfene Gegenstände der Zuschauer; die Arbeit zoologischer Gärten in den USA
22.00 Sport III
23.00 Dallas
Das Idol (bis ca 23.45 Uhr)

ÜBUNGEN UND AKTIVITÄTEN

A. Fragen über das Fernsehprogramm° (*TV channel; program*)

1. Wie viele Programme gibt es im deutschen Fernsehen, und wie viele in Ihrer Stadt?
2. Welches Programm beginnt schon vormittags, und welches sendet (*broadcasts*) abends am längsten?
3. Finden Sie eine Sendung über Bücher?
4. Welche sind Sendungen für Kinder?
5. Raten Sie: Wie heißt die Nachrichtensendung (die Nachrichten, *pl.: news*) im ersten Programm, und wie heißt die im zweiten Programm?
6. Welche Sportsendungen finden Sie? Sportarten? In welchen Programmen? Zeiten?
7. Wie heißen die Rockmusik-Sendungen? Welche Gruppe spielt da, und wann?
8. Welche Sendung ist nicht nur zum Zuschauen?
9. Wo und wann gibt es klassische Musik?
10. Welche Sendung, die Sie gern sehen, gibt es nicht im deutschen Fernsehen?

B. Arbeiten Sie in kleinen Gruppen. Suchen Sie die Titel aller amerikanischen und englischen Sendungen aus, und versuchen Sie, die richtigen englischen Titel dafür zu finden.

Setzen Sie die Arbeit fort (fortsetzen: *to continue*) mit den folgenden Filmtiteln, die man oft in Fernsehprogrammen findet. Die Namen der Filmschauspieler und -schauspielerinnen sollen Ihnen bei der Lösung helfen.

1. *Am Wendepunkt,* mit Shirley MacLaine, Anne Bancroft.
2. *Der Mann mit dem goldenen Colt,* mit Roger Moore (007).
3. *Hotel International,* mit Elizabeth Taylor, Richard Burton.
4. *Verdammt in alle Ewigkeit,*° mit Burt Lancaster, Frank Sinatra, Deborah Kerr. — *eternity*
5. *Mit Gewalt und frommen° Sprüchen,*° mit John Wayne, Glenn Campbell, Kim Darby. — *pious / sayings*
6. *Denn sie wissen nicht, was sie tun,* mit James Dean, Natalie Wood, Sal Mineo.
7. *Ein Mann für gewisse° Stunden,* mit Richard Gere, Lauren Hutton. — *certain*
8. *Die Sensationsreporterin,* mit Paul Newman, Sally Field.
9. *Der weisse Hai,* mit Roy Scheider, Richard Dreyfuss.
10. *Trans-Amerika Express,* mit Gene Wilder, Jill Clayburgh.

Wenn Sie nicht sicher sind, können Sie die richtigen Titel am Ende des Kapitels nachschlagen.

C. Machen Sie es besser! Sie haben sicher schon oft die Reklamesendungen (die Reklame: *advertising*) im US Fernsehn kritisiert. Schreiben Sie eine 30-sekunden oder 1-minutelange Reklame über ein Produkt, das Sie gut finden. Sie muß witzig (*witty*) und ehrlich sein. Bringen Sie das Produkt in die Klasse, wenn das möglich ist, und führen Sie die Reklamesendung vor.

D. Maxi und das Fernsehen. Was sagen Maxi und die anderen in dieser Bildgeschichte? Füllen Sie die Sprechblasen (*speech balloons*), indem Sie die folgenden Stichwörter benutzen. Lesen Sie Ihren Bildtext der Klasse vor.

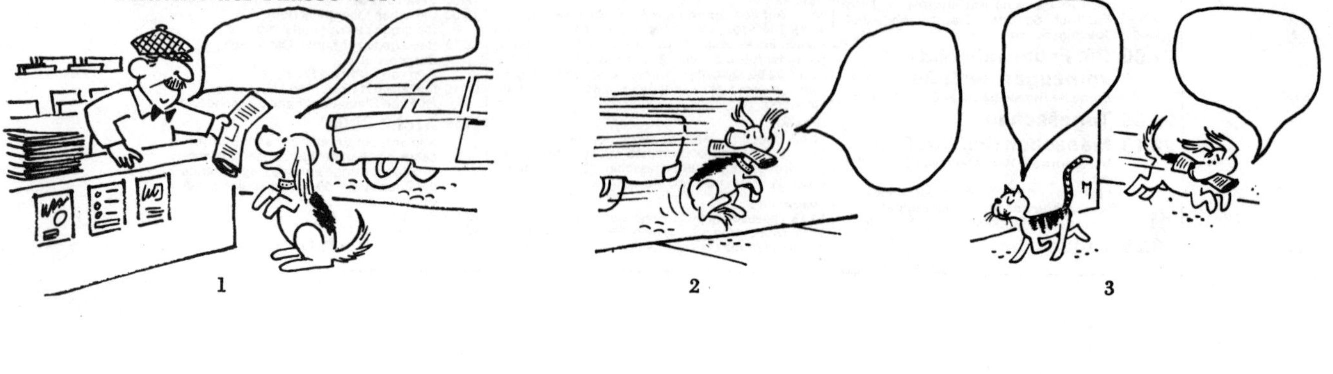

1 2 3

Bild 1.	da / Zeitung / Maxi	danke	
Bild 2.	Auto / schnell / Sicherheit°		*safety*
Bild 3.	keine Zeit / jagen° / ein andermal°	in Ruhe / lassen / dummer Hund	*to hunt / another time*
Bild 4.	dich / erwischen°	wegrennen / schnell	*to catch*
Bild 5.	Herrchen! / da / Zeitung		
Bild 6.	nicht hören? / hier / Zeitung		
Bild 7.	Zeitung / bringen		
Bild 8.	aber / Maxi / was / mit / machen / mein / Zeitung?		

„Leben ohne Fernseher? Schrecklich!"

Der Film

Lesen Sie den Text als Vorbereitung auf die darauffolgenden Aktivitäten.

Die Deutschen gehen immer weniger ins Kino. Selbst° der „Neue Deutsche Film," mit Werken von R. W. Faßbinder, Werner Herzog, Volker Schlöndorff und anderen, füllt die Filmtheater nicht. Besonders die Jugendlichen beschäftigen sich in ihrer Freizeit lieber mit anderen Dingen. Nur zwei von unseren Freiburgern sagten, daß sie ins Kino gehen.

even

Das folgende Diagramm zeigt, wie gering° das Interesse am Kino in Deutschland ist.

small

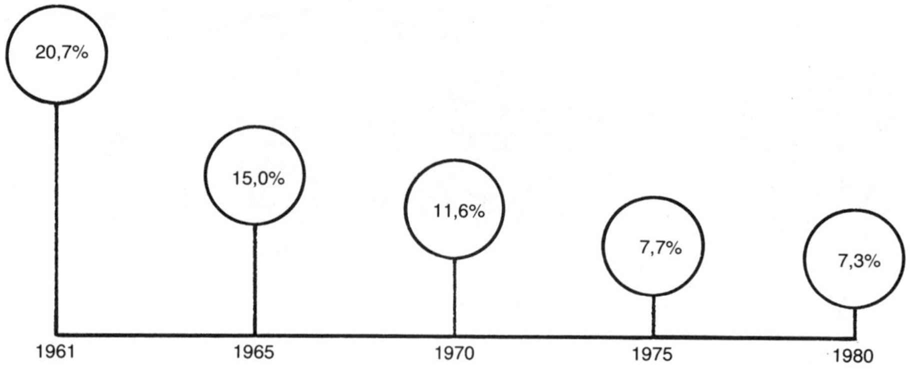

B. MEINUNGEN

Was sagen junge Leute über das Kino in Deutschland? In Interviews auf der Straße und in Geschäften wurden auf die Frage: „Wie oft gehen Sie ins Kino?" folgende Antworten gegeben.

THOMAS, 23: In den letzten zwei Monaten war ich überhaupt nicht im Kino. Es gibt von Zeit zu Zeit mal° Filme über Werke der Literatur wie „Der Tod in Venedig" und „Der Zauberberg",° aber wenn man sich wirklich damit beschäftigen will, ist es doch besser, man liest das Buch. Und in den meisten Kinos gibt es ja doch nur ein Thema, und das ist mit drei Buchstaben° abgetan:° SEX. Also, für mich ist das Kino nicht interessant, und ich glaube, viele denken so, sonst wäre es doch besser. Meinen Sie nicht auch?

von ...: *once in a while*

der Zauber: *magic*

letters / abtun: *to dispose of*

ANNEGRET, 20: Ich gehe auch selten ins Kino, aber wenn ich im Fernsehprogramm einen interessanten Film finde, schaue ich ihn an. Es gibt so viele gute Filme, ich lese darüber in den Zeitschriften, aber sie kommen einfach nicht in unsere Kinos hier. Amerikanische Filme wie „Krieg der Sterne" oder auch „Von 9 bis 5", vielleicht auch ein guter Western, machen mir Spaß, aber eigentlich beschäftige ich mich lieber mit anderen Dingen.

ACHIM, 21: Für mich gibt es eigentlich nur das Alternativkino. Die Filme, die da laufen, sind vielleicht älter, aber man sieht doch wenigstens etwas, was zu den Fragen unserer Zeit Stellung nimmt. Die großen Kinos sind nur hinter dem Profit her und bringen erfolgsichere° Filme, zum großen

certain of success

Teil aus Amerika wie „Vermißt“ oder „Tootsie“. Meine Freunde und ich sehen alte Faßbinder, Schlöndorff und Herzog Filme an, über die man lange diskutieren kann.

ÜBUNGEN UND AKTIVITÄTEN

A. Nehmen Sie Stellung zu den Aussagen (*statements*) der drei Jugendlichen, indem Sie die folgenden Ausdrücke benutzen.

Ich stimme (nicht) mit Thomas/Annegret/Achim überein, denn ________.

ich lese (nicht) gern	Werke der Literatur
interessiere mich (nicht) für	verfilmte Bücher
sehe Filme lieber	Sex im Film
finde immer (nie) gute Filme	im Kino als im Fernsehen
beschäftige mich lieber	in unseren Kinos
für mich gibt es nur	mit anderen Dingen
	das Alternativkino
	erfolgsichere Filme
	Stellung nehmen
	über die man diskutieren kann

B. Die folgende Aktivität soll dazu führen, daß Sie selbst einen Drehbuchentwurf (das Drehbuch: *film script*; der Entwurf: *outline*) für einen Film schreiben. Arbeiten Sie in kleinen Gruppen, und entwickeln (*to develop*) Sie Ihren Plan.

Wählen Sie zunächst, was für einen Film Sie machen wollen, wie er sein muß, wo er spielen soll und welche Hauptrollen Sie dafür brauchen. Benutzen Sie die folgenden Vorschläge.

ALTERNATIVES DREHBUCH

WAS FÜR EIN FILM?	WIE MUSS ER SEIN?	
Abenteuerfilm	lustig	
Krimi	problematisch	
Liebesgeschichte	traurig	
das Drama	wahrheitsgetreu°	*true to life*
die Komödie	verständlich	
Fantasiefilm	spannend°	*exciting*
historischer Film	romantisch	
Sci-Fi Film	gut fotografiert	
Unterhaltungsfilm°	gut gespielt	die Unterhaltung: *entertainment*
Oder?	Oder?	

WO SOLL ER SPIELEN?	WELCHE HAUPTROLLEN?	
auf dem Meer	der Liebhaber°	*lover*
in einem Schloß	die Geliebte°	*beloved, mistress*
in der Großstadt	der Detektiv	
im Wald	der Kommissar°	*police inspector*
in der Wüste°	der Astronaut	*desert*
in den Bergen	der Schwere Junge°	*"heavy"*
im Dschungel	der Verbrecher°	*criminal*
im Weltraum°	der Android	*outer space*
auf einer fernen Insel°	der Pilot	*island*
im Wilden Westen	der Vampir	
Oder?	Oder?	

Nun haben Sie Material für einen Film. Entwickeln Sie Ihre Geschichte, schreiben Sie sie auf und lesen Sie sie der Klasse vor. Das beste „Drehbuch“ bekommt einen „Oskar“.

C. Erzählen Sie die Geschichte eines Films, den Sie gesehen haben, ganz neutral in nicht mehr als zehn Sätzen. Die Klasse muß raten, welcher Film es ist.

„Die Handlung ist langweilig. Wir werden ein Fernsehspiel daraus machen."

ETWAS ZUM LESEN

Abenteuer-Sport—die Befreiung° vom Alltag

liberation

***Drachenfliegen:** Der älteste Traum der Menschheit—Fliegen wie die Vögel.*

***Wildwasserfahren:** Dieses Wasser ist selbst für Fische zu gefährlich. Kanufahrer zeigen dem Wildbach, wer hier stärker ist.*

Unser Alltag wird immer langweiliger. Alles ist vorgeschrieben: Arbeitszeit, Pausen, Feierabend. Auch auf den Straßen, im Wasser und in der Luft: überall Regeln,° Grenzen° und Verbote.° Selbst in der Freizeit sind die meisten nur Zuschauer: vor dem Fernseher oder beim Fußballspiel.

rules / limits / bans

Manche Leute haben genug davon. Sie wollen selber aktiv sein. Sie wollen Mut° zeigen, ihre Kräfte° messen,° bis an die Grenzen gehen: Sie wollen Abenteuer erleben. Der Sport bringt Abenteuer. Aber manche Leute haben auch damit nicht genug. Sie wollen nicht nur immer im Kreis herumlaufen, in Hallen mit Bällen spielen oder in großen Badewannen° schwimmen. Sie wollen Aktion, Spannung,° Risiko:° einmal ein Held° sein—nur für einen Sonntag.

courage / die Kräfte (*pl.*): *strength / to measure*

die Wanne: *tub / excitement / risk*
hero

ÜBUNGEN UND AKTIVITÄT

A. Wortschatzübung. Setzen Sie die richtigen Wörter ein.

1. Kennst du nicht die _____ (*rules*) für dieses Spiel?
2. Er spannte seine Kräfte bis an die _____ (*limits*) des Möglichen an.
3. Manche Leute denken, _____ (*bans*) sind da, um übertreten (*to overstep, violate*) zu werden.
4. Langsam verließen ihn seine _____ (*strength*), und er gab die Hoffnung auf Rettung (*rescue*) auf.
5. Sie hatten nicht den _____ (*courage*), den Kampf (*struggle*) noch einmal zu beginnen.
6. Viele träumen von großen _____ (*adventures*), wenn sie vor dem Fernseher sitzen.
7. Am Ende des Films hielten wir die _____ (*excitement*) nicht mehr aus.
8. Sie sollten mit dem alten Wagen nicht mehr fahren; das _____ (*risk*) ist zu groß.

B. Eine Debatte. Bilden Sie zwei Teams. Losen (*decide by drawing lots*) Sie, welches Team die Aussage A und welches die Aussage B vertreten (*to represent, defend*) soll. Benutzen Sie die Redemittelliste, die auf die zwei Aussagen folgt.

A. Der Sport soll eine Freizeitaktivität zum Entspannen sein.
B. Der Sport ist ein Abenteuer zur Befreiung vom Alltag.

1. Behaupten:

   Ich meine, daß ...
   Ich bin der Ansicht, daß ...
   Ich würde sagen, daß ...

2. Widersprechen:

   Nein.
   Nein, so doch nicht!
   Das stimmt doch gar nicht!
   Das sehe ich ganz anders.
   Ja, schon, aber ...

3. Einlenken:

   Wenn du wirklich meinst, daß ...
   Wenn du der Ansicht bist, daß ...

4. Nachfragen:

   Wie (bitte)?
   Wirklich?
   Wie hast du das gemeint?
   Könntest du das noch einmal sagen?

5. Zustimmen:

   Richtig.
   Ganz recht.
   Ja, das meine ich auch.
   Ja, da stimme ich dir zu.

SCHLUSSAKTIVITÄTEN

A. Machen Sie ein Interessendiagramm über die Freizeitaktivitäten Ihrer Klasse. Vergleichen Sie es dann mit dem der Freiburger. Finden Sie einen großen Unterschied zwischen Ihrer Klasse und der deutschen Gruppe?

B. Die folgenden Bilder sind Piktogramme. Sie sind international, denn man versteht sie ohne Wörter. Diese Sport-Piktogramme wurden für die Olympiade 1972 gezeichnet.

Ein Wettspiel (*match*). Bilden Sie Gruppen, und raten Sie welchen Sport jedes Piktogramm darstellt (*portrays, depicts*). Beim Startzeichen beginnen Sie. Die Gruppe, die nach 60 Sekunden die meisten Piktogramme richtig entziffert (*solved*) hat, gewinnt.

C. Wo haben Sie schon Piktogramme gesehen? Jeder Student bringt ein Piktogramm, und die Klasse muß auf deutsch erklären, wo man es findet und was es bedeutet.

D. Ein Dialog in Zweiergruppen. Gehen wir ins Kino. Sie möchten einen Freund/eine Freundin dazu überreden, mit Ihnen in einen Film zu gehen, der Sie sehr interessiert. Benutzen Sie die folgenden Stichwörter.

A. Zeit / heute abend?
B. Ja / was / du / vorhaben (*to intend*)?
A. Ich / Film / im _____ / sehen
B. Der / mich / interessieren / nicht
A. Spannend / tolle Handlung (*plot, story*)
B. Ich / lieber / Disco
A. Du / können / Disco / jeden Tag / Film / nur noch / zwei Tage / laufen
B. Gehen / du / Disco / nächste Woche / mit / mir?
A. Klar / heute abend / Kino / ich / du / einladen
B. Klasse / Tschüss / bis / heute abend

ETWAS ZUM SCHREIBEN

Wählen Sie die Person aus dem Interessendiagramm, die dieselben Interessen hat wie Sie. Schreiben Sie ihm/ihr einen Brief und bitten Sie ihn/sie, Ihr Brieffreund/Ihre Brieffreundin zu sein. Erzählen sie über Ihr Leben, Ihre Aktivitäten, Ihr Zuhause, Ihre Freunde, Ihre Träume.

Beginnen Sie mit: *Lieber/Liebe …*
und enden Sie mit: *Herzliche Grüße*
(Ihr Name)

ENGLISCHE TITEL DER FERNSEHSENDUNGEN

1. *The Man Who Would Be King*
2. *Boys Town*
3. *Little Foxes*
4. *Arsenic and Old Lace*
5. *The Third Man*

FILMTITEL AUF ENGLISCH

1. *Turning Point*
2. *The Man with the Golden Gun*
3. *The VIPs*
4. *From Here to Eternity*
5. *True Grit*
6. *Rebel Without a Cause*
7. *American Gigolo*
8. *Absence of Malice*
9. *Jaws*
10. *Silver Streak*

7 Stadt oder Land?

EINFÜHRUNG UND BILDGESCHICHTE

Lesen Sie die Einführung und die Karikatur, und beantworten Sie dann die Fragen darüber.

A. Einführung

Allgemeines über Deutschland

Die Bundesrepublik Deutschland ist 248 639,32 Quadratkilometer° groß, ungefähr so groß wie Oregon. Ein Viertel des Landes ist Wald, und so wollen es die Deutschen. Die 61,3 Millionen Einwohner müssen aber sehr eng zusammen wohnen: 247 Personen auf einem Quadratkilometer, in Oregon dagegen nur 9. Jeder dritte Deutsche wohnt in einer Großstadt mit über 100 000 Einwohnern.

das Quadrat: *square*

Zu viele Menschen und zu wenig Land, und doch gibt es schöne Städte, denn die Deutschen nehmen drei Sachen ernst: den Wiederaufbau, die Neuplanung und die Sanierung.° Im Bauboom der fünfziger und sechziger Jahre wurden aber viele alte Häuser abgerissen° und neue, oft unschöne dafür gebaut. Heute versuchen die Städte, alte Gebäude zu erhalten° und von innen her° zu modernisieren. Viel Gutes wird so geschaffen,° und die heutigen Menschen denken lieber „klein" als „groß". Das zeigen die Antworten, die sie neulich auf die folgenden Frage gegeben haben.

restoration
abreißen: *to tear down*
to retain / von ...: *on the inside*
achieved

Wenn Sie freie Wahl hätten, wo würden Sie lieber wohnen?

	1970 %	1980 %
Auf dem Land	27	35
In einer Kleinstadt	18	22
In einer mittelgroßen Stadt	26	25
In einer Großstadt	27	14
Unentschieden°	2	4

undecided

Unruhen,° Streß, Verbrechen,° Wohnungsnot° und Mangel an grünen Flächen und reiner° Luft; das sind ein paar Gründe, warum die Deutschen über das Leben in der Großstadt klagen° und jetzt mehr vom Leben auf dem Lande träumen.

disturbances / crime / lack of housing
pure
complain

Karikatur: Was meldet° der Mann der Polizei? Lesen Sie bitte vor.

reports

race
forbidden
speed
disturb
excessively loud / howling
to create, bring about

ÜBUNGEN UND AKTIVITÄTEN

A. Fragen über die Einführung

1. Wieviele Deutsche wohnen heute in Großstädten?
2. Was hat man im Bauboom der fünfziger Jahre in vielen Städten getan?
3. Wie versucht man heute, das Problem der alten Häuser zu lösen?
4. Wieviele Deutsche möchten heute auf dem Lande und wieviele in einer Großstadt wohnen?
5. Worüber klagen viele Einwohner in den Großstädten?

B. Interpretation der Karikatur. Besprechen Sie die Unterschiede zwischen den Klagen in der Karikatur und den Klagen vieler Deutscher über das Leben in der Großstadt. Bedenken Sie dabei diese Fragen:

Wo ist der Mann?
Worüber klagt er?
Welche Klagen, die viele Deutsche über das Stadtleben erheben,° übertreibt° die Karikatur?

make
exaggerates

C. Wie antworten Sie auf die Frage, die man in Deutschland gestellt hat:

Wenn Sie freie Wahl hätten, wo möchten Sie wohnen?

Sagen Sie der Klasse Ihre Wahl! Ein Student zählt die verschiedenen Antworten auf. Vergleichen Sie die Antworten der Klasse mit denen der Deutschen. Besprechen Sie die möglichen Gründe für die Unterschiede.

DIE DEUTSCHEN %		DIE KLASSE %
35	Auf dem Land	
22	In einer Kleinstadt	
25	In einer mittelgroßen Stadt	
14	In einer Großstadt	
4	Unentschieden	
0	Andere Antworten	

Wenn ich freie Wahl hätte, möchte ich _____ wohnen.

auf dem Land
in einer Kleinstadt
in einer mittelgroßen Stadt
in einer Großstadt
in den Bergen
am Strand° — *at the beach*
Oder?

Welche wichtigen geographischen Unterschiede zwischen Deutschland und Amerika gibt es? (z.B. Gibt es mehr Strand und Land in Deutschland oder in Amerika? Wie weit sind die Berge und das Land von den Städten in beiden Ländern?)

Was bedeutet „auf dem Land" für Deutsche und Amerikaner?

D. Wo möchten Sie wohnen und warum? Interviewen Sie einander in kleinen Gruppen. Beschreiben Sie, wo Sie jetzt wohnen. Wo möchten Sie lieber wohnen, und warum? Begründen Sie Ihre Antwort mit Hilfe der Stichwortliste. Wo möchten die meisten Studenten wohnen? Die Klasse soll eine Liste machen. Gibt es auch Städte, wo niemand wohnen möchte? Geben Sie Gründe an für Ihre Wahlen.

Unruhen	Sportgelegenheiten°
Streß	Kulturleben
Verbrechen	Lärm
grüne Flächen	Natur
reine Luft	Tiere

die Gelegenheit: *opportunity*

B. BILDGESCHICHTE

Sehen Sie sich die Bildgeschichte über Sanierung an, und machen Sie die darauffolgenden Übungen und Aktivitäten.

Schon dreißig Jahre

mulmig: *funny*

ÜBUNGEN UND AKTIVITÄTEN

A. Inhaltsfragen über „Schon dreißig Jahre"

1. Was sieht der Sohn, als er durch das Fenster schaut?
2. Was hat der Sohn gehört?
3. Warum glaubt Fred, daß man sein Haus nicht abreißen wird?
4. Warum hat der Sohn ein mulmiges Gefühl?
5. Was wird beiden am Ende klar?

B. Haben amerikanische Großstädte ähnliche (*similar*) Probleme wie die in Deutschland? Was glauben Sie?

Ich glaube, die drei größten Probleme in amerikanischen Städten sind ____, ____ und ____.

zuviele alte Häuser
Unruhen
Streß
Verbrechen
Wohnungsnot
Mangel an reiner Luft
Mangel an grünen Flächen
zuviele Einwohner
unschöne Gebäude
Mangel an Sanierung
Straßenlärm
Oder?

C. Warum glauben Sie das? Teilen Sie sich in Meinungsgruppen. Besprechen Sie dann die folgenden Fragen. Nachher berichten Sie der Klasse die Antworten, die Sie gefunden haben.

1. Warum glauben Sie, daß ____, ____ und ____ die größten Probleme in amerikanischen Städten sind?
2. In welchen Städten sind diese Probleme besonders bedeutend?
3. Hat Ihre Universitätsstadt dieselben Probleme? Ihre Heimatstadt?
4. Wie könnte man diese Probleme lösen?

FAKTEN UND MEINUNGEN

A. FAKTEN

Drei deutsche Landschaften

Wie sehen die deutschen Landschaften und Städte aus? Was erwarten Deutsche von einer Stadt? Welche Probleme interessieren die deutschen Stadtbewohner°? Das sind ein paar Fragen, die auf den nächsten Seiten

°*city dwellers*

DÄNEMARK
SCHWEDEN
KOPENHAGEN
OSTSEE
NORDSEE
Flensburg
Nord-Ostsee-Kanal
Kiel
SCHLESWIG-HOLSTEIN
Lübeck
HAMBURG
Hamburg
Rostock
Stettiner Haff
MECKLENBURG
Schwerinersee
Schwerin
Müritzsee
Plauersee
Wilhelmshaven
Bremerhaven
BREMEN
Lüneburger
Heide
Bremen
Elbe
Havel
Oder
D E U T S C H L A N D
Ems
NIEDERSACHSEN
BRANDENBURG
BERLIN
BERLIN
POLEN
AMSTERDAM
NIEDERLANDE
Mittelland-Kanal
Hannover
Braunschweig
NORDRHEIN
DEUTSCHE
Magdeburg
Münster
Teutoburger Wald
Weser
Harz
BUNDESREPUBLIK
Rhein
Essen
Dortmund
DEMOKRATISCHE
Göttingen
Wuppertal
WESTFALEN
Kassel
SACHSEN-ANHALT
Halle
Spree
Elbe
Düsseldorf
Solingen
Eder
Fulda
Leipzig
Köln
DEUTSCHLAND
Weimar
REPUBLIK
Dresden
Aachen
Erfurt
BONN
THÜRINGEN
Karl-Marx-Stadt (Chemnitz)
BELGIEN
Bad Godesberg
Westerwald
HESSEN
Marburg
Saale
Werra
Thüringer Wald
SACHSEN
Koblenz
Lahn
Taunus
Erzgebirge
WEST-BERLIN
OST-BERLIN
die Mauer
Havel
Spree
Eifel
Wiesbaden
Mosel
Hunsrück
LUXEMBURG
Main
Mainz
Frankfurt am Main
LUXEMBURG
Trier
RHEINLAND-PFALZ
Worms
Würzburg
Bamberg
Bayreuth
SAARLAND
Mannheim
BAYERN
Nürnberg
Saarbrücken
Heidelberg
Rothenburg am Tauber
BADEN-
Bayrischer Wald
Regensburg
Rhein
WÜRTTEMBERG
FRANKREICH
Stuttgart
Donau
Schwarzwald
Neckar
Isar
Ulm
Donau
WIEN
Schwäbische Alb
Augsburg
Linz
WIEN
München
OBERÖSTERREICH
NIEDERÖSTERREICH
Freiburg
Rosenheim
Chiemsee
Bodensee
Starnbergersee
Oberammergau
Salzburg
Eisenstadt
Basel
Bayrische Alpen
Berchtesgaden
Zürich
St. Gallen
Biel
Zürichsee
VORARLBURG
ÖSTERREICH
BURGENLAND
Inn
SALZBURG
Neuenburgersee
Luzern
TIROL
Innsbruck
STEIERMARK
Hohe Tauern
BERN
Vierwaldstättersee
Niedere Tauern
Graz
Rhein
Grossglockner
Brenner
Lausanne
St. Gotthard
SCHWEIZ
TIROL
Genfersee
KÄRNTEN
Klagenfurt
Alpen
Alpen
Rhone
Genf
Alpen
ITALIEN
Gr. St. Bernhard
Monte Rosa
0 20 40 60 80 100
MEILEN
0 20 40 60 80 100
KILOMETER

beantwortet werden. Lesen Sie die kurzen Texte über drei deutsche Landschaften, und machen Sie dann die Aktivitäten.

Die deutschen Landschaften sind außerordentlich° vielfältig° und schön. Auf einem verhältnismäßig° kleinen Raum findet man niedrige und hohe Gebirge,° Hügel,° Berg- und Seelandschaften, weite, offene Ebenen° sowie viele Flüsse. Man kann von Süden nach Norden drei große Landschaftsräume unterscheiden: die Alpen, das Mittelgebirge und das norddeutsche Tiefland.° Die folgenden Bilder bieten kleine Auszüge aus diesen Landschaftsräumen.

extraordinary / varied
relatively
mountain ranges / hills
plains
lowlands

DIE ALPEN
Die Alpen sind das höchste Gebirge in Europa. Garmisch-Partenkirchen ist ein berühmtes Wintersportgebiet dort.

Die Stadtmitte in Garmisch-Partenkirchen

Nicht weit von den Alpen im Süden liegt die beliebteste Stadt der Deutschen, München, mit seinen vielen Museen, berühmten Akademien, Hochschulen und Instituten, schönen Theatern und Opernhäusern, und natürlich auch seinem weltbekannten Oktoberfest.

AKTIVITÄTEN

A. Amerikanische Alpen? Beschreiben Sie eine amerikanische Landschaft wie die Alpen. Machen Sie in der Klasse eine Liste von typischen Eigenschaften (*characteristics*) dieser Landschaft. Besprechen Sie die folgenden Fragen: Hat jemand in der Klasse diese Landschaft schon besucht? Wohnt jemand in der Klasse dort? Was kann man da machen, und was würden Sie da gern machen? Benutzen Sie die Stichwortliste oder eigene Ideen.

Camping gehen
Klettern° — *climbing*
Schilaufen
Schisegeln° — *ski-sailing*
Schispringen
Schlittschuhlaufen° — *ice-skating*
Wandern

B. Ein amerikanisches München? Welche Stadt in Amerika hat Institute, Gebäude und Feste wie München? Beschreiben Sie eine amerikanische Stadt, die München am nächsten (*closest to*) kommt! Was meinen die anderen Studenten dazu? Gibt es mehr als eine Möglichkeit?

Das Marienplatz in München

Wie München von den Mönchen gegründet wurde.

DAS MITTELGEBIRGE

In der Mittelgebirgszone liegt die Hauptstadt der Bundesrepublik, Bonn, am Rhein. Bonn ist auch die Heimat vieler wichtiger Deutscher und der Geburtsort von Beethoven. Mit seinen bewaldeten° Bergen, alten Burgen° am Rhein und an der Mosel und seinen weltbekannten Weinbergen° ist das Mittelgebirge das Reiseziel vieler Touristen.

forest-covered
castles
vineyards

An der Mosel

Das Rathaus in Bonn

AKTIVITÄT

Bringen Sie in die Klasse ein Bild, das für Sie das amerikanische Äquivalent einer Landschaft in der Mittelgebirgszone bildet, und beschreiben Sie der Klasse das Bild. Suchen Sie besonders Bilder mit bewaldeten Bergen, Weinbergen oder großen Obstgärten und alten Häusern.

DAS NORDDEUTSCHE TIEFLAND

Im norddeutschen Tiefland ist die beliebteste Stadt die alte Hansestadt° Hamburg. Wie Bremen ist Hamburg nicht nur eine Stadt, sondern auch eines der 11 Bundesländer.° Hamburg ist durch die Elbe mit der Nordsee verbunden und ist die wichtigste Hafenstadt° Deutschlands, oft „Deutschlands Tor° zur Welt" genannt. Hamburg liegt zwischen Schleswig-Holstein im Norden und Niedersachsen, dem größten Bundesland in Norddeutschland, im Süden.

die Hanse: *a league founded in the Middle Ages by merchants for mutual protection*
federal states
port city
gate

Die Alster-Arkaden in Hamburg

Strandkörbe an der Nordsee

ÜBUNGEN UND AKTIVITÄTEN

A. Welcher deutsche Landschaftsraum interessiert Sie am meisten?

Ich möchte _____ besuchen,

die Alpen und Süddeutschland
die Mittelgebirgszone
das Norddeutsche Tiefland

denn ich mögen _____.
möchten _____ sehen.
sich interessieren für _____.

hohe Berge
das Oktoberfest
die Hauptstadt Deutschlands
mittelgroße Gebirge
die Mosel und der Rhein
München
Museen
der Strand
Hafenstädte
Oder?

B. Interview. Was ist Ihre Traumlandschaft? Interviewen Sie einen Nachbar/eine Nachbarin über die Landschaft, die er/sie besonders gern besuchen möchte. Bitten Sie ihn/sie, die Landschaft zu beschreiben und zu erklären, warum er/sie dahin reisen möchte. Geben Sie danach einen kurzen Bericht darüber.

C. Pyramidenkreuzworträtsel. Ohne Vorbereitung zu Hause! Teilen Sie sich in Gruppen ein, und finden Sie zusammen die passenden Buchstaben für jede Stufe (*level*) von links nach rechts. Benutzen Sie die Landkarte auf Seite 82 und die Informationen unter den Bildern. Wenn alle Stufen richtig gebildet sind, enthält (*contains*) die erste Reihe (*row*) links den Namen einer Großstadt in Norddeutschland. Die erste Gruppe mit den richtigen Antworten für alle Stufen gewinnt das Pyramidenrätselspiel. Wenn aber eine Gruppe eine falsche Antwort gibt, fällt die Gruppe aus (ausfallen: *to drop out*). Alles auf deutsch, bitte!

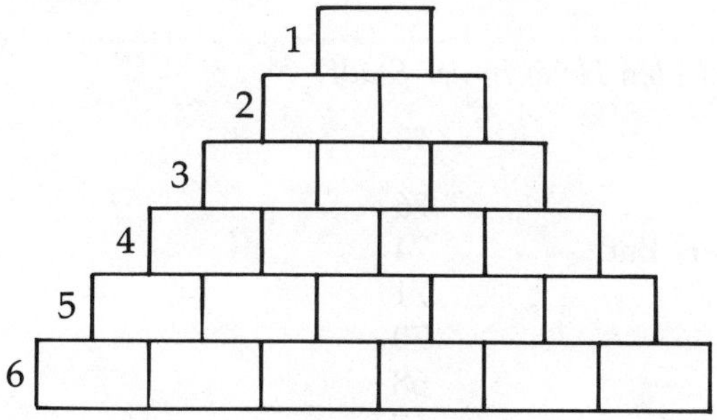

1. Der Anfangsbuchstabe eines berühmten Komponisten, geboren in einer Stadt mit demselben Anfangsbuchstaben.
2. Eine Abkürzung° des Namens des längsten Flusses in Deutschland. *abbreviation*
3. Ein Fluß zwischen dem Rhein und der Weser, der in die Nordsee fließt.
4. Ein Nebenfluß des Rheins, der durch Frankfurt fließt.
5. Eine Großstadt im Industriegebiet° (Ruhrgebiet) nördlich von Köln. das Gebiet: *region*
6. Der erste Teil des Namens für das größte Bundesland in Norddeutschland.

B. MEHR STATISTISCHE FAKTEN
Was ist für die Deutschen eine ideale Stadt?

Lesen Sie die folgenden Fakten vor, und machen Sie danach die Übungen und Aktivitäten.

Welche Großstädte sind bei den Deutschen am beliebtesten?

MÜNCHEN	BERLIN	HAMBURG	DÜSSELDORF	FRANKFURT	KÖLN
31%	15%	11%	6%	6%	5%

Was erwarten die Deutschen von der idealen Stadt?

	%	
Gerechte° Miete°	81	*fair, just / rent*
Gute Transportverbindungen	78	
Saubere Luft	78	
Gute Berufsmöglichkeiten	75	
Ruhe und wenig Straßenlärm	75	
Bequeme° Fußgängerzonen°	73	*convenient / pedestrian areas*
Sicherheit im Beruf	72	
Gute Gehälter°	70	*salaries*
Angenehme° Umgebung	70	*pleasant*
Gute Kinderspielplätze	65	
Angenehme Nachbarn	61	

Wie wohnen die Deutschen?

MIETWOHNUNG	EINFAMILIENHAUS	UNTERMIETER°	CONDO
49%	46%	1%	4%

subtenant

Was erwarten die Deutschen von einem idealen Haus in der Stadt?

	%
Einfamilienhaus	76
Zentralheizung, warmes Wasser, Bad	74
Garten	71
Grüne Flächen, Sonne	70
Ruhe	68
Angenehme Nachbarn	67
Gute Transportverbindungen	53

„Ich bin ein angenehmer Nachbar"

„Ich auch"

ÜBUNGEN UND AKTIVITÄTEN

A. Wortschatzübung. Setzen Sie in den folgenden Sätzen die richtigen deutschen Wörter ein.

1. Die Deutschen wohnen am liebsten in _____ (*single-family houses*) mit _____ (*central heating*) und _____ (*a garden*).
2. Sie erwarten in der Nachbarschaft _____ (*quiet*), _____ (*green areas*) und _____ (*good transportation connections*).
3. Die ideale Stadt der Deutschen bietet nicht nur _____ (*fair rent*) und _____ (*good occupational opportunities*), sondern auch _____ (*pleasant surroundings*) und _____ (*clean air*).

B. Was ist für Sie eine ideale Stadt? Stellen Sie diese Frage an Ihre Nachbarn. Versuchen Sie, Ihre Antworten mit Hilfe der Stichwörter oder mit eigenen Ideen zu begründen.

Für mich sollte eine ideale Stadt ____ haben, weil ________.

gute Transportverbindungen	man / gesund / leben / müssen
grüne Flächen	man / nicht / ohne / Natur / leben / können
ein paar große Parks	nicht / jeder / Auto / haben
Fahrradwege	ohne / Auto / nicht / leben / können
gutes Klima	studieren / müssen
viele Autobahnen	arbeiten / müssen
eine Universität	Oder?
gute Berufsmöglichkeiten	
saubere Luft	
Ruhe und wenig Straßenlärm	

C. Wo liegt die ideale Stadt? Teilen Sie sich in Gruppen ein, und versuchen Sie, einige Städte in der Welt zu finden, die für Ihre Gruppe ideal sind. Nennen Sie eine oder zwei Städte, die das Gegenteil davon sind. Besprechen Sie die Gründe für Ihre Antworten, und versuchen Sie dabei, die Stichworte in B zu benutzen. Teilen Sie Ihre Antworten und die Gründe dafür der Klasse mit.

C. WAS IST SANIERUNG?

Viele deutsche Städte haben schöne Häuser, die 400, 500 oder sogar 600 Jahre alt sind und deutschen Städten ihr typisches Gesicht geben. Das Problematische daran: Die Restaurierung und Renovierung kosten sehr viel Geld. Die folgenden Bilder zeigen die Resultate der Sanierung eines Fachwerkhauses in Marburg.

1. Am Anfang des 20. Jahrhunderts

2. Dasselbe Haus nach dem Umbau 1477

3. Wie das Haus 1321 aussah (nach der Sanierung° von heute) *remodeling*

Ist das Sanierung?

AKTIVITÄT

Ist das Sanierung? Besprechen Sie die folgenden Fragen.

1. Vergleichen Sie das Bild mit dem Beispiel des Marburger Fachwerkhauses, und besprechen Sie die Unterschiede.
2. Welches Bild betrachten Sie als typisch für die Art der Sanierung in Ihrer Heimatstadt? Warum?
3. Welche Probleme bringt Sanierung mit sich? Bedenken Sie dabei: Armutsprobleme (die Armut: *poverty*) finanzielle Schwierigkeiten usw.

D. MEINUNGEN

Zwei deutsche Jugendliche sprechen über das Leben in der Stadt und auf dem Land.

HEIDI KÖHLER, 18, Schülerin: Natürlich möchte ich lieber in der Stadt wohnen. Unser Haus sollte abgerissen werden, aber mein Vater ließ es ausbauen,° und nun ist es schöner als irgendein moderner Kasten. Ich habe viele Freunde, mit denen ich jeden Tag etwas anderes unternehmen° kann—so viel hat Hamburg zu bieten. Und wir können alles, die Discos, die Sportveranstaltungen,° die Kinos, die Teestuben, schnell und billig mit der S-Bahn, der U-Bahn und dem Bus erreichen. In den Ferien fahren wir gern aufs Land, aber zum Wohnen kann ich mir nur die Stadt vorstellen.

ausbauen: *to renovate*
unternehmen: *to undertake*
Sportveranstaltungen: *sporting events*

JOCHEN B., ein Porträt: Jochen wohnte in der Stadt, aber endlich hatte er die Nase voll:° von Konsumgesellschaft, Wohlstandsleben° und Streß. So zog er in eine Landkommune, wo er drei Monate blieb. Er hackte Holz, melkte° Kühe, kochte, ging früh schlafen und stand früh auf. Freizeit war kein Problem—es gab keine. Jetzt ist er wieder da (in der Stadt) und geht zur Uni. Das Leben auf dem Land war zu unbequem, zu langweilig.° Er meint: „Vielleicht wäre ich besser im Sommer aus Land gegangen. Da ist es viel schöner." Jochen liebt immer noch das Land und fährt manchmal mit seinem Volkswagen ins Grüne: „Damit ich mal wieder richtig atmen kann."

die Nase voll haben: *to be fed up*
prosperity
milked
boring

ÜBUNGEN UND AKTIVITÄTEN

A. Fragen über den Inhalt des Interviews mit Heidi Köhler

1. Warum hat man Heidis Haus nicht abgerissen?
2. Was für Häuser in der Stadt mag Heidi nicht?
3. Welche Vorteile hat die Stadt für Heidi?
4. Inwieweit mag Heidi das Land?

B. Vom Porträt zum Interview. Arbeiten Sie zusammen in Paaren, und spielen Sie die Rollen von Interviewer und Jochen B. Formulieren Sie die Fragen und Antworten auf Grund des Porträts. Die folgende Stichwortliste kann Ihnen helfen. Nachher führen zwei oder drei Paare ihre Interviews der Klasse vor.

INTERVIEWER	JOCHEN B.
die Stadt / gefallen?	Nase / voll
warum?	Konsumgesellschaft / Wohlstand / Streß
wohin?	Landkommune
wie lange?	Monate
was / da / tun	hacken / melken / kochen
gefallen?	nein / Freizeit / unbequem
was / jetzt / tun	Uni / Stadt
was / halten von / Land?	Sommer / aufs Land

C. Porträt. Interviewen Sie einen Freund/eine Fruendin über die Frage: Stadt oder Land? Auf Grund der Antworten schreiben Sie ein Porträt Ihres Freundes/Ihrer Freundin auf deutsch. Benutzen Sie das Porträt von Jochen B. als Modell. Lesen Sie dann der Klasse Ihr Porträt vor.

ETWAS ZUM LESEN

Machen Sie die folgende Synonymübung, bevor Sie den Text lesen, und lernen Sie dabei einige Wörter zur Entschlüsselung° des Textes. Synonyme für die kursivgedruckten Wörter finden Sie in der folgenden Liste.

zur ...: *for the decoding*

anschauen	restauriert	deswegen
bekannt	erkennen	unterschiedlich
Einwohner	richtig	spazierengehen

SYNONYMÜBUNG

1. Die „Kö" ist wohl die *berühmteste* Straße in Deutschland.
2. Hier kann man *flanieren.*° — *to stroll*
3. Hier kann man die Schaufenster der feinen Boutiquen *betrachten.*
4. „Stadtluft macht frei," sagt *darum* ein altes Sprichwort.° — *proverb*
5. Die Städte in Deutschland sind sehr *verschieden.*
6. Die Stadt prägt° ihre *Bürger.* — *forms*
7. *Echte* Hamburger kann man leicht *unterscheiden.*
8. Überall gibt es *renovierte* Altstadt-Zentren.

Düsseldorf, Königsallee—der Boulevard einer Weltstadt. Die „Kö" ist neben dem „Ku-Damm"° in Berlin wohl die berühmteste Straße in Deutschland. Hier kann man flanieren: die Schaufenster der feinen Boutiquen betrachten, einkaufen, in einem Straßencafé etwas trinken und die Menschen anschauen. Die vielen Leute geben der Straße eine besondere Stimmung°—Großstadtstimmung. Düsseldorf (670 000 Einwohner, Hauptstadt des Bundeslandes Nordrhein-Westfalen, das 17 Millionen Einwohner hat) steht hier als Beispiel für viele Städte in der Bundesrepublik Deutschland.

der Ku-Damm: Kurfürstendamm

mood

Zwei Drittel aller Bundesbürger leben in einer Stadt. Der Grund für die vielen Städte: Deutschland hatte sehr lange viele kleine Staaten. Auch heute noch ist die Bundesrepublik ein föderalistischer Staat mit elf Bundesländern. Darum gibt es viele große Städte mit eigenem Gewicht.° Viele davon waren einmal Hauptstädte von Königreichen,° Fürstentümern° oder Bistümern° (kirchlicher Besitz). Andere waren freie Städte und gehörten keinem Herrn. „Stadtluft macht frei", sagt darum ein altes deutsches Sprichwort.

das Gewicht: *(here) importance*
kingdoms
principalities / bishoprics

Die Städte in Deutschland sind sehr verschieden. Jede hat ein eigenes Gesicht. Alle tragen auch das typische Gesicht ihrer Landschaft. Die Stadt prägt ihre Bürger. Kölner sind anders als Münchner. Echte Hamburger kann man leicht von echten Frankfurtern unterscheiden. Der größte Unterschied liegt dabei in der Sprache. Jede Stadt hat ihren eigenen Dialekt. Ein Hamburger wünscht sich in Frankfurt manchmal ein Lexikon (und umgekehrt°). Sehr viele Menschen sprechen—stärker oder schwächer—den Dialekt ihrer Stadt. Das Leben in der Stadt wird heute wieder beliebt. Man macht die Stadt attraktiv: Überall gibt es neue Fußgängerzonen, Grünflächen (Parks) und renovierte Altstadt-Zentren. So bekommen die Städte mehr Lebensqualität und ein neues Selbstbewußtsein.° Junge Familien mit Kindern leben lieber am Stadtrand. Studenten, Ehepaare ohne Kinder und ältere Leute wohnen lieber im Zentrum—wo das Leben Abwechslung bietet.

vice versa

self-confidence

(aus *Jugendscala*, Okt. 1980)

ÜBUNGEN UND AKTIVITÄTEN

A. Fragen zum Inhalt

1. In welchen beiden Städten findet man die berühmtesten Straßen in Deutschland?
2. Was macht man in einem Straßencafé in Düsseldorf gern?
3. Wer gibt der Stadt die Großstadtstimmung?
4. Wieviele aller Bundesbürger leben in einer Stadt?
5. Was waren viele große Städte früher einmal?
6. Warum sind alle Städte sehr verschieden?
7. Warum wünscht sich ein Hamburger in Frankfurt manchmal ein Lexikon?
8. Wie macht man die Stadt heute attraktiv?
9. Welche Leute leben lieber am Stadtrand?
10. Welche Leute wohnen lieber in der Stadt?

B. Vergleichen Sie Düsseldorf mit Ihrer Stadt.

1. Düsseldorf hat die „Kö".
feine Boutiquen.
viele Straßencafés.
670 000 Einwohner.

Meine Heimatstadt hat ____.
____.
____.
____.

2. Düsseldorf ist die Hauptstadt von Nordrhein-Westfalen.

Meine Heimatstadt ist ____.

3. Düsseldorf hat ruhige Fußgängerzonen.
viele Grünflächen.
ein renoviertes Altstadt-Zentrum.

Meine Heimatstadt hat ____.

4. In Düsseldorf wohnen junge Familien am Stadtrand.
Studenten, Ehepaare ohne Kinder und ältere Leute im Zentrum.

In meiner Heimatstadt wohnen ____.

C. Interview. Welche Stadt ziehen Sie vor, Düsseldorf oder Ihre Heimatstadt? Fragen Sie einander, warum Sie Düsseldorf oder Ihre Heimatstadt vorziehen. Berichten Sie der Klasse die Resultate.

SCHLUSSAKTIVITÄTEN

A. Interview. Glauben Sie, daß Sie in Düsseldorf wohnen möchten? Warum oder warum nicht? Fragen Sie einander, machen Sie danach zwei Listen und schreiben Sie sie an die Tafel—für oder gegen—ja oder nein.

B. Debatte. Zwei Gruppen in der Klasse argumentieren für das Leben in der Stadt oder für das Leben auf dem Land. Jede Gruppe benutzt die eine oder die andere Liste von Stichwörtern oder eigene Ideen zur Unterstützung ihrer Argumente. Versuchen Sie dabei, ein paar der folgenden Ausdrücke aus der Redemittelliste zu verwenden.

1. Behaupten:

   Ich bin der Ansicht, daß ...
   Ich möchte jetzt deutlich sagen, daß ...

2. Widersprechen:

   Im Prinzip hast du recht, aber ...
   Das ist doch aus der Luft gegriffen.

3. Zeit zum Nachdenken gewinnen:

   Eigentlich ...
   Wenn ich das so richtig durchdenke ...

4. Nachfragen:

   Hast du wirklich gesagt, daß ...
   Ich habe das nicht ganz verstanden.

5. Zustimmen:

   Ja, das würde ich auch sagen.
   Da bin ich völlig deiner Meinung.

GRUPPE FÜR DAS LEBEN IN DER STADT

Transportverbindungen
Leben auf dem Land langweilig
Parks
gute Nachbarn
bessere Berufsmöglichkeiten
Sanierung von alten Stadtteilen
Kinos, Theater, Museen
Einkaufszentren

GRUPPE FÜR DAS LEBEN AUF DEM LAND

saubere Luft / gesundes Leben
schöne Wälder, Seen, Berge
Tiere und Naturleben
weniger aber bessere Nachbarn
mehr Ruhe, nicht so viel Lärm
Pferde reiten und viele Haustiere haben
unabhängiges Leben
eigener Garten

C. Mündlicher Bericht. Besuch aus Deutschland. Sie bekommen Besuch von deutschen Touristen, die sich für Ihren Heimatstaat interessieren. Beschreiben Sie die Landschaften in Ihrem Heimatstaat und eine oder zwei repräsentative Städte, damit Ihre Gäste darüber besser informiert sind.

ETWAS ZUM SCHREIBEN

Sie schreiben einen Brief an ____ über eine Stadt oder eine Landschaft, die Sie neulich besucht haben. Schreiben Sie, was Ihnen daran gefallen hat, und was Sie nicht so schön gefunden haben. Warum soll ____ auch dorthin reisen?

8 Feiertage und Volksfeste

EINFÜHRUNG UND BILDGESCHICHTE

Lesen Sie die Einführung und Bildgeschichte, und beantworten Sie die darauffolgenden Fragen.

A. EINFÜHRUNG

Allgemeines über Feiertage und Volksfeste

Deutsche feiern° nicht nur die mit ihrem Glauben verbundenen° religiösen Feiertage,° sondern auch viele Volksfeste. Religiöse Feiertage und Volksfeste haben in Deutschland eine sehr alte Tradition. In jeder deutschen Stadt, wie auch in jedem Dorf, gibt es mehrere Volksfeste im Jahr, z.B. die Jahrestage von königlichen Hochzeiten° oder das Jubiläum eines Ortes; dazu kommen natürlich auch die vielen Wein- und Bierfeste. Vor einem Fest dekorieren die Einwohner ihre Häuser und die Straßen ihrer Stadt mit bunten Blumen und Fahnen. Oft gibt es eine Prozession oder einen Festzug° durch die festlich geschmückten° Straßen und danach in den Lokalen lustige Musik, gutes Essen und viel Wein und Bier, was auch zu häufiger Kritik an dem Sinn° des Feierns führt: Warum feiert man? Was ist der Zweck eines Festes? Diese Fragen liegen der folgenden Bildgeschichte zugrunde.

celebrate / connected
holidays
weddings
parade / decorated
meaning

B. BILDGESCHICHTE

Schöne Bescherung°

giving of gifts, especially at Christmas

wie wär's: *how would it be*
verzichten auf: *to do without*

das Geschenk: *present*

streichen: *to cross out*
verbieten: *to prohibit*

ne, ne: *no way*

ÜBUNGEN UND AKTIVITÄTEN

A. Fragen über die Einführung und die Bildgeschichte

1. Was für Feste und Feiertage feiern die Deutschen?
2. Wie dekorieren sie ihre Städte?
3. Was kritisieren die Deutschen oft?
4. Was gibt es nach der Prozession oder dem Festzug?
5. Was schlägt der Sohn seinem Vater in der Bildgeschichte vor?
6. Wie reagiert der Vater auf diesen Vorschlag?
7. Wem wollte der Sohn das Geld für den Weihnachtsbaum geben?
8. Was ist das Thema der Bildgeschichte?
9. Warum ist dieses Thema besonders während der Weihnachtszeit wichtig?

B. Welche Feste sind für Sie am wichtigsten? Stellen Sie fest, welche Feste und Feiertage der Klasse am liebsten sind, und schreiben Sie die Liste an die Tafel. Welche Feiertage haben Sie nicht gewählt?

FAKTEN UND MEINUNGEN

A. FAKTEN

Wie feiern die Deutschen ihre Feste und Feiertage?

Lesen Sie die Texte über die gesellschaftlichen° Bedeutungen° und den Ursprung° von den Festen, und beantworten Sie dann die Fragen. Die

social / significances
origin

Feste und Feiertage werden dem Kalender nach besprochen: Winterfeste, Frühlingsfeste, Sommerfeste und Herbstfeste.

Die Winterfeste

Welche Winterfeste sind bei den Deutschen am beliebstesten°? — *most popular*

ADVENT

Der Advent ist die Zeit vom vierten Sonntag vor Weihnachten bis zum 25. Dezember. Da feiern viele Deutsche die kirchliche° Vorbereitung° auf die Geburt Christi.

ecclesiastical / preparation

Heutzutage sind die Adventssonntage nicht nur eine kirchliche Vorbereitungszeit, sondern auch ein Familienfest; etwa 88 Prozent der Deutschen feiern dieses Fest in der Familie.

An jedem Adventssonntag zündet man eine Kerze° am Adventskranz° an,° bis vier Kerzen angezündet sind; die Familie versammelt sich um den Kranz und singt Adventslieder.

candle / der Kranz: *wreath*
anzünden: *to light*

ST. NIKOLAUSABEND

St. Nikolausabend ist ein bekanntes Kinderfest und wird am 6. Dezember gefeiert. Dieser Tag wurde nach dem morgenländischen° Bischof von Myra benannt, der 300 Jahre nach Christus lebte.

oriental

Wie der amerikanische Santa Claus zieht° der Nikolaus jedes Jahr von Haus zu Haus mit seinem treuen° Knecht° Ruprecht. Für die braven° Kinder hinterläßt er Äpfel, Süßigkeiten° und auch Brote in der Form von Tieren. Den ungezogenen° Kindern aber gibt er nur eine Rute° oder gar° Kohle als Strafe.

goes
faithful / servant / well-behaved
candy
naughty, disobedient / switch / even

„Mein früherer Chef sagte immer, Sie Weihnachtsmann° zu mir, und da kam die Idee ..." — *(here)* der Dummkopf

DAS WEIHNACHTSFEST

Das Weihnachtsfest wurde zuerst im 4. Jahrhundert als Gegensatz° zu den heidnischen° Feiern des Sonnengottes und des Tages der Wintersonnenwende° (heute der 21. Dezember) gefeiert. Das Weihnachtsfest feiert die Geburt Christi, und deswegen sind die ältesten Festbräuche° das Aufstellen der Weihnachtskrippen,° später das Aufführen° der Weihnachtsspiele, das Singen von Weihnachtsliedern und das Schmücken des Weihnachtsbaums, als Symbol des wiederkehrenden Lebens.

in opposition to
heathen
winter solstice
der Brauch: *custom*
die Krippe: *manger* / *performance*

Was schenken sich die Deutschen zu Weihnachten? Wieviel Geld geben sie zu dieser Zeit aus?

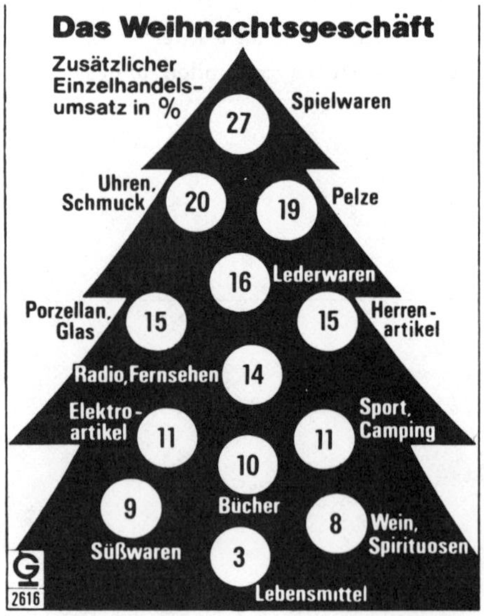

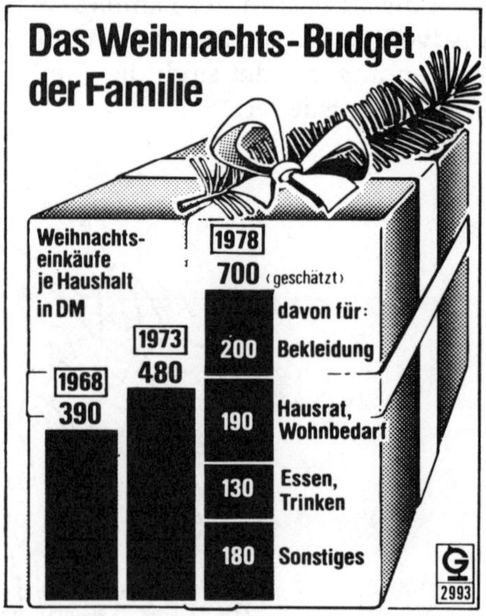

SILVESTER

Silvester ist der letzte Tag des Jahres. Diesen Feiertag, ursprünglich nach dem Papst° Silvester (314–335) genannt, feiert man oft mit Freunden, Verwandten und Bekannten oder auch als Familienfest.

Wenn die Uhr Mitternacht schlägt, läuten alle Glocken,° und die Leute stoßen mit einem Glas Sekt° auf das neue Jahr an.° Wie in Amerika gibt

pope
bells
champagne / anstoßen: *to toast*

es Feuerwerk, aber man spielt auch alte beliebte Gesellschaftsspiele, wie z.B. das Bleigießen.° Beim Bleigießen schmilzt° man das Blei und gießt es in kaltes Wasser. Dann deutet° man die Zukunft aus den eigenartigen° Formen.

pouring lead / melts
interprets / peculiar

DREIKÖNIGE

Dreikönige (auch Epiphanie genannt) wird am 6. Januar gefeiert. Zu dieser Zeit feiert die katholische Kirche die Taufe° Christi, und zum letzten Mal werden die Kerzen am Weihnachtsbaum angezündet. In kleinen Dörfern in Süddeutschland bemalen° noch einige Bauern nach einem alten Brauch ihre Haustüren mit magischen Zahlen.

baptism
paint

FASTNACHT, KARNEVAL, FASCHING UND FASTENZEIT

„Natürlich lösen wir nur eine Karte!"

Die Fastenzeit° beginnt am Aschermittwoch und ist die 40-tägige Vorbereitungszeit auf Ostern. Fastnacht° beginnt gewöhnlich nach Dreikönige und reicht bis zum Aschermittwoch. In manchen Gegenden wird diese Zeit als Fasching° bezeichnet, und in der Volkssprache bezeichnet° man Fasching als die Teufelswoche oder das Narrenfest.° Man denkt heutzutage hauptsächlich° an die bunten Umzüge beim Karneval, wo die Rheinländer und Bayern bunte Kostüme und Masken tragen und sich austoben.° Bei vielen Umzügen im Rheinland gibt es jedes Jahr einige berühmte Hauptfiguren, wie z.B. „Prinz Karneval". Bei den Deutschen heißt es zu dieser Zeit: „Jubel, Trubel und Heiterkeit".° Und was essen und trinken die Deutschen zu der Faschingszeit? Sie essen fettreiches

Lent
Shrove Tuesday
carnival / refers to
festival of fools
primarily
sich austoben: *to let oneself run wild*
Jubel ...: *jubilation, revelry, and merriment*

Pfannengebäck,° und sie trinken dabei Bier, Wein und Sekt, denn am Aschermittwoch ist das Fest vorbei.

deep-fried pastry

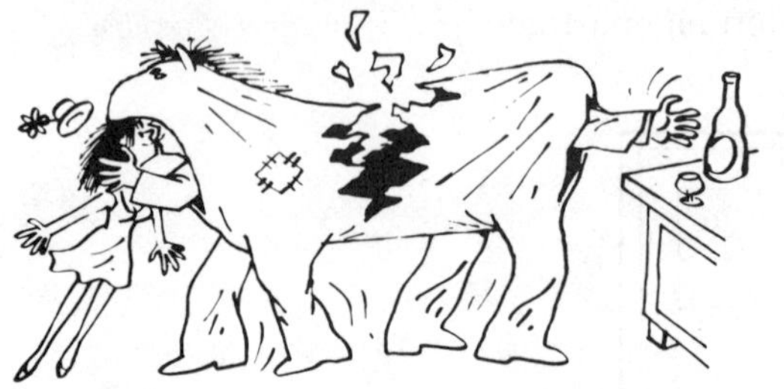

„Sie stören mit Ihrer Albernheit° die ganze Faschingsfeier!"

silliness

ÜBUNGEN UND AKTIVITÄTEN

A. Fragen über die Winterfeste. Setzen Sie die richtigen Namen ein.

1. _____ feiert man am 6. Dezember.
2. _____ war einmal ein wichtiges Fest der Heiden.
3. Der letzte Tag des Jahres heißt _____.
4. Zu _____ zündet man jeden Sonntag noch eine Kerze an.
5. K___ R___ begleitet N___ jedes Jahr von Haus zu Haus.
6. Am _____ trinkt man ein Glas Sekt und gießt Blei.

B. Kurze Beschreibungen deutscher Winterfeste. Beantworten Sie die Fragen.

1. Wie feiert eine deutsche Familie Advent?
2. Wie unterscheidet sich das St. Nikolausfest von Advent?
3. Worauf freuen sich die deutschen Kinder am 6. Dezember?
4. Wie feiert man den letzten Abend des Jahres in Deutschland?
5. Was hat das Dreikönigsfest mit Weihnachten zu tun?

C. Welches Winterfest gefällt Ihnen am besten? Stellen Sie diese Frage an Ihre Nachbarn. Erklären Sie Ihre eigenen Antworten.

D. Ein Vergleich. Was schenken die Amerikaner zu Weihnachten?

1. Erste Stufe: Geben Sie Ihre Antworten der Klasse. Einer/eine schreibt die Liste an die Tafel.
2. Zweite Stufe: Teilen Sie sich in Gruppen auf, und vergleichen Sie die Antworten der Klasse mit den Antworten der Deutschen. Besprechen Sie die möglichen Gründe für die Unterschiede. Was zeigen diese Listen über die beiden Gesellschaften? Sind die Leute heutzutage zu materialistisch? Was glaubt die Klasse?

E. Interview. Wie, wo und mit wem feiern Sie Silvester und Neujahr? Interviewen Sie einen Studenten/eine Studentin in der Klasse, wie er/sie am liebsten Silvester und Neujahr feiert. Benutzen Sie die folgende Stichwortliste, um eigene Fragen zu bilden. Geben Sie danach in der Klasse einen kurzen Bericht über das Interview.

mit: Familie und Verwandten, Freunden, Bekannten? allein? Oder?

wo: zu Hause, bei Freunden, im Restaurant, bei Bekannten? Oder?

wie: Viel essen und trinken, um Mitternacht ein Glas Sekt trinken, Gesellschaftsspiele spielen, Feuerwerke loslassen, Fernsehen? Oder?

F. Amerikanischer Fasching. In kleinen Gruppen planen Sie ein amerikanisches Faschingsfest. Versuchen Sie alle wichtigen Fragen für solch ein Fest zu beantworten (z.B. wo, wann, was essen usw.). Beschreiben Sie Ihren Plan der Klasse. Die Klasse soll wählen, welche Gruppe das Fest am besten geplant hat.

Die Frühlingsfeste

GRÜNDONNERSTAG UND KARFREITAG

Das kirchliche Fest zur Erinnerung an den Tod Christi findet am Gründonnerstag° (benannt nach den an diesem Tag getragenen grünen Meßgewändern°) und Karfreitag° (stiller Freitag) in der letzten Woche vor Ostern statt. Dieses Fest ist zum ersten Mal in der deutschen Geschichte im 12. Jahrhundert erschienen.

Maundy or Holy Thursday
vestments / Good Friday

OSTERN

Ostern wird am ersten Sonntag nach dem ersten Frühlingsvollmond gefeiert. Ostern ist ein sehr wichtiges Familienfest in Deutschland. Seit 1682 bekommen die Kinder Ostergeschenke vom Osterhasen und suchen versteckte Ostereier im Haus oder im Garten. Heutzutage verstecken noch viele Eltern in Deutschland Eier für ihre Kinder.

Wie feiern die Deutschen Ostern?

	%
Ostereier bemalen	76
Freunde und Verwandte besuchen	47
Einen Spaziergang machen	45
Ostergeschenke kaufen	38
Zur Kirche gehen	35

TAG DER ARBEIT, 1. MAI

Der Tag der Arbeit° wurde zum ersten Mal in der Geschichte am 1. Mai 1890 gefeiert. Im Jahre 1919 wurde er als gesetzlicher° Feiertag anerkannt.° Zu dieser Zeit halten Arbeiter und Angestellte, Studenten und Lehrlinge Massenversammlungen° und demonstrieren gegen gesellschaftliche Ungerechtigkeiten.°

Labor Day
legal / recognized
mass-meetings
injustices

*Words from a popular labor union song.

PFINGSTEN

Pfingsten,° das am fünzigsten Tag nach Ostern stattfindet, ist das christliche Fest des Niederkommens des Heiligen Geistes auf die Apostel. In kleineren deutschen Dörfern ist es noch üblich,° daß man die Ställe, Häuser und Windmühlen mit grünen Zweigen beschmückt. Das Vieh° wird auch mit bunten Blumen bekränzt. Pfingsten wird meistens als Familienfest betrachtet.

Pentecost / *customary* / *cattle*

FRONLEICHNAM

Fronleichnam° (das Wort bedeutet: der Leib° des Herrn) ist seit 1264 ein hohes katholisches Fest, das am 2. Donnerstag nach Pfingsten gefeiert wird. Im Mittelpunkt des Festes steht die Prozession, in der „der Leib des Herrn" (die Hostie) durch die Straßen geführt wird. Öfters werden die Häuser mit bunten Fahnen und christlichen Bildern geschmückt. Der Prozessionsweg wird auch mit Blumen bestreut, und grüne Birkenzweige° schmücken die Altäre.

Corpus Christi / body / *birch branches*

ÜBUNGEN UND AKTIVITÄTEN

A. Ein schriftlicher Bericht über Frühlingsfeste. Setzen Sie die richtigen Festnamen ein.

1. Das ____ (*church*) Fest zur ____ (*remembrance*) an den Tod Christi findet ____ und ____ statt. Der nächste Sonntag danach heißt ____ (*Easter*). An diesem ____ (*festival*) bemalen die Deutschen ____ (*Easter eggs*), die die Eltern für ihre Kinder verstecken.
2. Ein wichtiger ____ (*legal*) ____ (*holiday*) im Frühling heißt ____ (*Labor Day*), der am ____ (*first of May*) stattfindet. An diesem Tag halten die Arbeiter und Angestellten Massenversammlungen, und am zweiten Donnerstag nach Pfingsten wird ____ (*Corpus Christi*) gefeiert.

B. Frühlingsfeste und -feiertage in Amerika. Interview und Porträt. Interviewen Sie einander, und stellen Sie aneinander die folgenden Fragen: Welche Frühlingsfeste und Feiertage gefallen Ihnen? Welche feieren Sie und wie? Geben Sie dann der Klasse ein Porträt von der Person, die Sie interviewt haben.

C. Ein Vergleich. Tag der Arbeit in Deutschland und Amerika. In kleinen Gruppen vergleichen Sie den Tag der Arbeit in Deutschland und in Amerika. Benutzen Sie dabei die folgenden Fragen. Besprechen Sie danach in der Klasse, ob dieser Tag heute noch die gleiche Bedeutung hat wie früher.

Warum feiert man diesen Feiertag?
Wann wurde er zuerst gefeiert?
Ist er ein Feiertag für die Familie oder für bestimmte gesellschaftliche Gruppen?
Wie feiert man diesen Tag der Arbeit?

Die Sommer- und Herbstfeste

SECHS WICHTIGE KIRCHLICHE FEIERTAGE UND FESTE

Mariä Himmelfahrt (15.8), die Aufnahme° der Mutter Gottes in den Himmel. Maria wird als Beschützerin° der Kranken und der Ungeborenen in den katholischen Ländern verehrt.°

Bartholomäustag (24.8, benannt nach dem Apostel), an dem sich immer noch Schäfer° und Hirten° in kleineren Dörfen zu einem jährlichen Wettkampf° versammeln.

assumption / *protectoress* / *revered* / *shepherds / herders* / *competition*

Allerseelen° (2.11) ist ein Gedächtnisfest. Dieses Fest wurde von Gregor dem IV. im Jahre 835 eingeführt. Abergläubische Menschen behaupten, daß die Toten sich zu dieser Zeit zu einer Geistermesse° versammeln. Um die Toten nicht zu kränken,° so heißt es, darf man kein Messer mit der Schneide° nach oben legen, und keine Pfanne leer auf dem Feuer stehenlassen, und man soll auch den Ofen heizen, um die Toten zu wärmen.

All Souls' Day
mass of the ghosts
to insult
cutting edge

St. Martinstag (11.11) ist sehr beliebt bei deutschen Kindern. Dieses Fest wurde nach dem Heiligen Martin (†400) benannt, der als Bischof in Frankreich viel für die Armen tat. Abends am 10. November ziehen die Kinder mit bunten Laternen durch die Straßen und singen dabei alte Lieder.

Buß- und Bettag (22.11) ist ein Feiertag zur Abwendung° von Not.° Er wird seit dem 30-jährigen Krieg° in Deutschland von den Protestanten gefeiert.

averting / disaster
war

Totensonntag ist das Gedächtnisfest der Protestanten. Es findet immer am letzten Sonntag vor Advent statt. Dieser Feiertag wurde zum ersten Mal im Jahre 1817 in Preußen anerkannt.

WELTLICHE FESTE

Der Sommer ist immer eine sehr lebhafte Zeit in Deutschland, denn es gibt auch eine große Anzahl von weltlichen° Festen und Jahrmärkten. Einige von diesen Festen sind die Landshuter Hochzeit, die alle drei Jahre in Landshut stattfindet; das Schützenfest, das in Hannover und auch in Bayern populär ist; und die Wein- und Bierfeste in verschiedenen Gegenden.

secular

Ein Bierfest in Bayern

BIER UND WEINFESTE

Während des Sommers gibt es viele Bier- und Weinfeste in Deutschland, Die meisten Weinfeste finden im Rheinland, an der Mosel, am Neckar, an der Nahe, im Saarland und in Baden-Württemberg statt. Viele Weingüter halten diese Feste, um Touristen anzulocken° und den Verkauf von Weinen zu fördern.° Bei Weinfesten wird viel getrunken, viel gegessen und auch viel getanzt. Man kann viele Weinsorten probieren, zum Beispiel,

to entice
to promote

Tafelweine° oder Qualitätsweine mit Prädikat°: Spätlese,° Auslese,° Beerenauslese° oder Trockenbeerenauslese.° Man kann auch Schaumweine° und Weinbrand° trinken.

table wines / top-quality wines with distinction / late harvest / selected late-harvest selected grapes / raisin wine sparkling wines / brandy

DAS OKTOBERFEST

Ein sehr beliebtes Fest bei Deutschen und auch Ausländern ist das Oktoberfest in München. Der Ursprung des Festes ist die Hochzeit der bayerischen Königstochter im Jahr 1810. Seitdem findet das Fest jedes Jahr statt. Es dauert 16 Tage und natürlich wird viel gesungen, getanzt, gegessen und getrunken.

ÜBUNGEN UND AKTIVITÄTEN

A. Fragen über die Sommer- und Herbstfeste und -feiertage

1. Warum ist St. Martinstag bei den deutschen Kindern beliebt?
2. Wieviele Feste für die Toten gibt es in Deutschland? Was für Unterschiede zwischen diesen Festen gibt es?
3. Was für Feste sind im Sommer bei den Touristen besonders beliebt?
4. Erklären Sie den Ursprung des Oktoberfests.
5. In welchem Teil von Deutschland finden viele Weinfeste statt?

B. Sie bekommen Besuch von Studenten aus Deutschland. Diese Studenten möchten amerikanische Sommerfeste besuchen. Mit Hilfe der Klasse machen Sie eine Liste von allen möglichen Sommerfesten, und wählen Sie die wichtigsten oder interessantesten. Besprechen Sie die Gründe für Ihre Wahl. Wie werden Sie diese Feste für Ihre Besucher beschreiben?

B. MEINUNGEN

Deutsche Jugendliche sprechen über ihre Lieblingsfeste und -feiertage. Lesen Sie die folgenden Interviews vor, und drücken Sie dann Ihre Meinungen darüber aus.

WOLF, 16: Weihnachten ist eine sehr wichtige Zeit für meine Familie. Wir gehen immer zusammen am Heiligen Abend° in die Kirche. Danach gibt es etwas Schönes zu Essen. Abends singen wir noch Weihnachtslieder, und wir zünden die Kerzen am Baum an. Bei uns in der Familie benutzen wir immer noch Kerzen, das ist für uns schon eine alte Tradition. Erst später am Abend bekommen wir unsere Geschenke.

am ...: *on Christmas Eve*

HANNELORE, 18: Wenn man eine Familie hat, ist Weihnachten das schönste Fest des Jahres. Bei uns im Wohnhaus aber gibt es eine alte Frau, die niemanden mehr hat. Ihr Sohn ist nämlich im Krieg gefallen° und ihr Mann ist auch schon längst tot. Solche Menschen tun mir von Herzen leid. Ostern ist auch ein sehr schönes Fest, denn zu dieser Jahreszeit fangen die Bäume und Pflanzen wieder an zu wachsen. Es macht mir dann viel Spaß, einen Spaziergang mit meiner Familie zu unternehmen.

im ...: *killed in the war*

ANJA, 18: Weihnachten ist natürlich die schönste Zeit. Ich gehe gern durch die festlich geschmückten Straßen unserer Stadt spazieren. Es ist aber eine Schande, daß viele Menschen zu viel Wert auf den Besitz von Luxusegegenständen° legen. Wir werden dauernd durch Werbungen angetrieben,° teuere Gegenstände zu kaufen. In meiner Familie ist es nicht Sitte, und das ist mir auch so ganz recht. Ich lege nicht viel Wert auf Materialismus.

der Gegenstand: *object*
urged on

UWE, 21: Ich finde die kirchlichen Feste immer sehr schön, aber ich muß schon sagen, daß in Köln der Fasching nicht zu übertreffen ist.° Obwohl das Wetter zu dieser Jahreszeit meistens sehr schlecht ist, erscheinen° die Leute in allen möglichen Kostümen verkleidet, um an diesen Festlichkeiten teilzunehmen. Man sieht erst recht, wie verteufelt° das Leben wirklich ist.

nicht ...: *cannot be surpassed (coll.)*
appear
crazy

ÜBUNGEN UND AKTIVITÄTEN

A. Fragen über den Inhalt

1. Warum ist Weihnachten für Wolfgang eine sehr wichtige Zeit?
2. Was für Menschen tun Hannelore leid?
3. Welche Feste gefallen Hannelore am besten?
4. Warum geht Anja gern während der Weihnachtszeit durch die Straßen der Stadt spazieren?
5. Was findet Anja eine Schande?
6. Worauf legen die Familienmitglieder von Anja nicht viel wert?
7. Welches Fest gefällt Uwe am besten?
8. Was tun die Menschen in Köln zu der Faschingszeit?

Der Drachenstich in Fürth im Wald, Bayern

B. Ein Interview. Spielen Sie in paaren die Rollen vom Interviewer und von einem der deutschen Jugendlichen. Als Interviewer versuchen Sie mit Ihren Fragen so viele Informationen wie möglich über deutsche Feste und Feiertage zu bekommen. Das Porträt im Text dient als Startpunkt für die Antworten.

ETWAS ZUM LESEN

Machen Sie die folgende Übung vor dem Lesen, und lernen Sie dabei einige Wörter zur Entschlüsselung des Textes.

SYNONYMÜBUNG

Ersetzen Sie die kursivgedruckten Wörter durch Verben von der folgenden Liste.

spinnen	begehen
feiern	verwerfen
berechnen	sich handeln um
sich befinden	annehmen

1. Die Kirchenväter *lehnten* den Gedanken *ab*, Jesu Geburtstag zu feiern.
2. Man *zählte* zwar den Tag der Geburt, war aber der Meinung daß es *um* einen Frühlingstag *gehen* müsse.
3. Der 18. November wurde als Datum dieses Ereignisses akzeptiert.
4. Um 360 wurde das Fest in einer Kirche *gefeiert.*
5. Die Kirchenväter behaupteten aber, in Rom *wären* noch die Akten über die Schätzung.
6. So *erzählte* man Geschichten und Sagen an diesem Tag.

Wechselvoller Weihnachtstermin

Wenn wir heute das Weihnachtsfest feiern, so denken wir nicht mehr darüber nach, wie die Menschen in den vergangenen Jahrhunderten diesen Tag begingen° und welche Bedeutung er für sie hatte. *celebrated*

Die älteste Kirche feierte noch kein Fest dieser Art. Sie kannte nur das Fest zur Erinnerung an das letzte Abendmahl, aus dem später das Osterfest wurde. Noch im dritten Jahrhundert verwarfen° die Kirchenväter den Gedanken, den Geburtstag von Christus zu feiern. Man berechnete zwar den Tag der Geburt, war aber der Ansicht,° daß es sich um einen Frühlingstag handeln müsse. Man benannte den 28. März, den 19. April und den 20. Mai als den Tag seiner Geburt; auch der 8. oder 18. November wurde als Datum dieses Ereignisses° angenommen. *rejected* *opinion* *event*

Die Gnostiker feierten die Taufe von Christus am 6. Januar. Sie nannten den Tag „Epiphanie"—das Fest der Erscheinung—heute das „Fest der heiligen drei Könige". Erst viel später begann man, den Geburtstag Christi zu feiern. Auch dieses Fest fiel zeitweise auf den 6. Januar, wurde aber bald von der Kirche auf den 25. Dezember festgelegt. An diesem Tag nämlich wurde in Rom eine alte heidnische Sonnenfeier—ein Lichtfest—begangen, und die Kirche legte wohlbedacht° den Geburtstag Jesu auf diesen Tag. *deliberately*

Dieses Fest verbreitete sich sehr schnell. Schon aus dem 4. Jahrhundert haben wir einen Papyrus mit einer Weihnachtsliturgie für einen kirchlichen Sängerchor. Um 360 wurde das Fest in Rom sehr feierlich in einer eigenen Kirche begangen, wobei der Papst selbst die Messe zelebrierte.

Allmählich fand das Fest am 25. Dezember überall Eingang.° Nur in Ägypten und Palästina war man gegen dieses Datum. Die Kirchenväter behaupteten aber, in Rom befänden sich noch die Akten° über die Schätzung° des Augustus ... und außerdem seien ja Petrus und Paulus nach Rom geflüchtet.°

So wurden bald die Menschen in aller Welt mit dem Lichtfest vertraut und begannen, allerlei Sagen und Geschichten um diesen Tag zu spinnen.

Eingang finden: *to become accepted*
documents
census
fled

FRAGEN ZUM INHALT

1. Welches Fest wurde ursprünglich zur Erinnerung an das letzte Abendmahl gefeiert?
2. An welchem Tag feiert man die Taufe Christi?
3. Warum legte die Kirche den Geburtstag Christi auf den 25. Dezember fest?
4. Was geschah im Jahr 360 in Rom?
5. In welchen Ländern war man dagegen, dieses Fest zu feiern?

SCHLUSSAKTIVITÄTEN

A. Ein Vergleich: Amerikanische und deutsche Feste und Feiertage. Wie erklären Sie die vielen kirchlichen Feste in Deutschland, die heute noch gefeiert werden? Welche von diesen Festen werden in Amerika nicht überall gefeiert? Besprechen Sie in der Klasse die Gründe für diesen Unterschied. Manche Leute meinen, daß die Deutschen zu viele Feste und Feiertage haben. Was ist die Meinung der Klasse?

B. Interview. Interviewen Sie einander in Gruppen über die folgenden Fragen: Welches amerikanische Fest feiern Sie am liebsten, und mit wem, wie und wo feiern Sie dieses Fest? Teilen Sie nachher der Klasse mit, welche Feste am meisten erwähnt wurden, und wie sie gefeiert werden.
Amerikanische Volksfeste sind: Halloween, Thanksgiving, St. Patrickstag, Mardi Gras, der 4. Juli usw., aber nicht Weihnachten, Ostern und andere universale Feste.

Feiern mit: Familie, Freunden oder Bekannten? Oder?

Feiern wie: ein großes Picknick machen, Feuerwerke ansehen, zu einem Maskenball gehen, viel essen und trinken, eine Parade ansehen, Truthahn essen, grünes Bier trinken? Oder?

Feiern wo: zu Hause, auf dem Land, in der Stadt, im Park, im Restaurant? Oder?

ETWAS ZUM SCHREIBEN

Schreiben Sie einen kurzen Aufsatz über die Geschichte eines amerikanischen Festes oder Feiertages. Wie hat es/er begonnen? Wie hat es/er sich entwickelt, und wie wird es/er gefeiert?

9 Frieden und Krieg

EINFÜHRUNG UND BILDGESCHICHTE

Lesen Sie in der Klasse die Einführung und die Bildgeschichte und machen Sie dann die Übungen.

A. EINFÜHRUNG
Deutschland in Krieg und Frieden

Die geopolitische Lage° Deutschlands als Mittelpunkt zwischen Osten und Westen hat wichtige politische, kulturelle und militärische Folgen° für den Frieden im zwanzigsten Jahrhundert. Für viele Deutsche verpflichtet° diese Mittellage zur Vermittlung° von kulturellen Gedanken und wirtschaftlichen Gütern zwischen Westen und Osten; andere sehen aber darin lieber die Pflicht zur militärischen Macht° und Verteidigung° und zu der damit verbundenen Orientierung zum Westen oder Osten.

position
consequences
obligates / transmission
power / defense

In dieser zentralen Lage hat Deutschland mehr Nachbarn als die anderen Länder Europas und viele offene Grenzen, die durch die Jahrhunderte oft zu Kriegen und gewaltsamen° Konflikten Anlaß gegeben haben.° Deswegen spielten die Bündnissysteme° und die militärischen Verträge° Deutschlands mit seinen Verbündeten° eine große Rolle in der Friedenspolitik des zwangzigsten Jahrhunderts. Dazu kamen auch die häufigen Kämpfe um die Macht zwischen deutschen politischen Parteien: zwischen Monarchisten und Demokraten, zwischen Nationalisten und Sozialisten, und vor allem zwischen Faschisten und Kommunisten. Solche Konflikte und Kämpfe um die politische und militärische Herrschaft wirkten stark auf die europäische Friedenspolitik in der ersten Hälfte des zwanzigsten Jahrhunderts.

violent
Anlaß geben: *to cause / alliance systems*
treaties / allies

Die folgende Bildgeschichte bietet eine ähnliche und humorvolle Erklärung für das Problem von Krieg und Frieden.

B. BILDGESCHICHTE OHNE TITEL

Sehen Sie sich die Bildgeschichte an, und machen Sie die darauffolgenden Übungen und Aktivitäten.

lächerlich: *ridiculous*
gegenseitig: *reciprocally*
sich bekämpfen: *to fight one another*
sich ausrotten: *to exterminate themselves*
die Ameise: *ant*
beherrschen: *to rule*

ÜBUNGEN UND AKTIVITÄTEN

A. Wortschatzübung. Bilden Sie neue Wörter.

BEISPIEL
Für viele Deutsche *verpflichtet* diese zentrale Lage zur Vermittlung von Gütern und Gedanken.
Andere sehen darin lieber die Pflicht (*the duty*) zur militärischen Macht.

1. In dieser *Mittellage* hat Deutschland viele Nachbarn und viele Grenzen.
   Die zentrale _____ (*position*) Deutschlands hatte wichtige Folgen für den Frieden.
   Im Zweiten Weltkrieg hat Deutschland viele Nieder_____ (*defeats*) erlitten.
2. *Die Kämpfe* um die politische Herrschaft wirkten stark auf die europäische Friedenspolitik.
   Durch die Jahrhunderte haben die Deutschen und ihre Nachbarn _____ (*one another*) _____ (*fought*).
   Im Zweiten Weltkrieg waren die deutschen Widerstands_____ (*resistance fighters*) isoliert.
3. Viele glauben, daß die Mittellage Deutschlands zur militärischen Macht und der damit *verbundenen* Orientierung zum Westen oder Osten verpflichtet.
   Die _____ (*alliance systems*) und die militärischen Verträge Deutschlands mit seinen _____ (*allies*) spielten eine große Rolle in der Friedenspolitik.
4. Ein Attentat (*assassination*) gab *die Veranlassung* (*occasion*) zum Ersten Weltkrieg.
   Deutschlands viele Grenzen haben oft zu Kriegen und gewaltsamen Konflikten _____ (*cause*) gegeben.
   Welche Tat hat den Ersten Weltkrieg _____ (*occasioned*)?
5. Die militärischen *Verträge* Deutschlands waren ein wichtiger Teil der Friedenspolitik.
   Der _____ (*peace treaty*) zu Versailles hatte schwere Folgen für Deutschland.
6. Dann werden die Ameisen die Erde *beherrschen.*
   Die totalitäre _____ (*rule*) Hitlers verbot alle nichtfaschistischen Parteien.
7. Darin liegt die Pflicht zur *Verteidigung.*
   Man muß _____(*oneself*) doch _____ (*defend*).
8. Was für eine Regierung *folgte* dem Deutschen Kaiserreich?
   Die geopolitische Lage Deutschlands hat wichtige _____ (*consequences*) für den Frieden.
   Im Dritten Reich ver_____ (*persecuted*) man die Juden.
9. Der Kampf um *die Macht* gab oft zu Kriegen Anlaß.
   Eine der Ursachen (*causes*) des Ersten Weltkrieges war der Konflikt zwischen dem Nationalismus der kleinen Völker und dem Imperialismus der _____ (*super powers*).

B. Fragen über die Einführung und die Bildgeschichte

1. Was hat oft zu Kriegen und Konflikten zwischen Deutschland und seinen Nachbarn Anlaß gegeben?
2. Was hat eine wichtige Rolle in der Friedenspolitik Europas gespielt?
3. Wie haben viele Deutsche die geopolitische Lage Deutschlands politisch und militärisch betrachtet?
4. Warum finden die Ameisen die Menschen lächerlich?
5. Welche Folgen erwarten die Ameisen von den Kämpfen?

C. Besprechen Sie in kleinen Gruppen einige mögliche Titel für die Bildgeschichte. Geben Sie Gründe für Ihre Vorschläge. Jede Gruppe soll einen Titel von ihrer Liste wählen und ihn an die Tafel schreiben. Die Klasse wählt dann den besten Titel von dieser Liste.

D. Wovon handelt das Cartoon?

Übernehmen Sie zu zweit die Rollen von den zwei Witzfiguren im Cartoon. Erzählen Sie, was Ihre Figur in jedem Bild denkt. Einige Paare sollen ihre „inneren Monologe" der Klasse vorführen. Besprechen Sie in der Klasse mit Hilfe der folgenden Stichwortliste, was das Cartoon mit Weltpolitik zu tun hat.

die militärische Macht	sich verteidigen
die Verteidigung	schlagen
die Aggression	aggressiv sein
	weh tun

FAKTEN UND MEINUNGEN

A. FAKTEN

Der Erste Weltkrieg: 1914–1918

Zwischen 1914 und 1918 kämpften über dreißig Nationen gegeneinander in einem Krieg, der über 20 000 000 Menschen das Leben kostete, und der das Deutsche Kaiserreich und Österreich gegen die größten Mächte Europas stellte: Rußland, England, Frankreich, Italien usw.

Was waren die Ursachen des Ersten Weltkrieges? Wie haben die Deutschen diese Jahre betrachtet? Wie hat der Krieg auf die Zukunft Deutschlands eingewirkt°? Das sind ein paar Fragen, die auf den nächsten Seiten behandelt werden. Lesen Sie die folgenden Fakten, sehen Sie die Bilder an, und machen Sie die Übungen und Aktivitäten.

einwirken: *to influence, affect*

Was waren die Ursachen des I. Weltkrieges?

- Konflikte zwischen dem wachsenden Nationalismus der kleinen Völker (z.B. Serbien) und dem Imperialismus der Großmächte (z.B. Österreich).
- Kolonialismus (z.B. in Afrika und China) und die Flottenrivalität° zwischen England und Deutschland.

die Flotte: *fleet*

„Germania, die Drahtseilkünstlerin°" zwischen China und England; unter ihr die Gefahr der Flottenrivalität

tightrope walker

- Ein gefährliches Bündnissystem: Die Mobilmachung des einen Landes machte die Mobilmachung der anderen Länder nötig.
- Frankreich konnte den Verlust Elsaß-Lothringens in dem Krieg von 1871 nicht vergessen.

La Revanche

Frankreich, 1871:
„Unser Kind wird jenen Tag erleben, jenen großen Tag der Revanche!"

Frankreich, 1914:
„Endlich! Es ist da, jener Tag, der große Tag der Revanche!"

Welche Tat gab die Veranlassung zum Krieg?

Die Ermordung° des österreichischen Thronfolgers° in Sarajewo, in Serbien.

murder / heir to the crown

Wie betrachtete das Deutsche Kaiserreich den Anfang des Krieges?

Deutschland: Der edle° Ritter° bedroht° von allen Seiten

noble / knight / threatened

Was für ein Krieg war der Erste Weltkrieg?

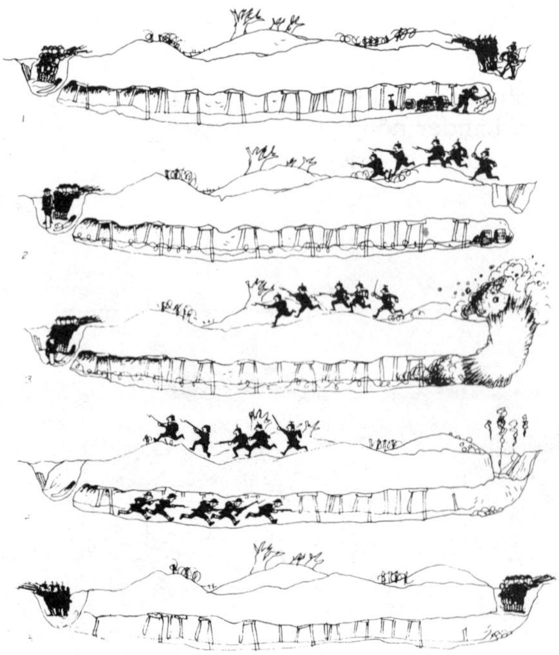

Der Stellungskrieg°

trench warfare

Wie betrachteten die Deutschen die Teilnahme° Amerikas? — *participation*

Teddy geht zu Pferd gegen die U-Boote vor.

Wie betrachteten die Deutschen das Ende des Krieges?

„Bitte zahlen!"

„So, jetzt können wir die Zivilisation wieder von vorn anfangen."

Was waren die Hauptpunkte des Friedensvertrags° zu Versailles, und wie reagierte man in Deutschland darauf? — *peace treaty*

Deutschland und seine Verbündeten wurden zum Urheber° aller Verluste und aller Schäden° erklärt. Deutschland mußte: — *originator* / *damages*

- 195 Milliarden Goldmark Kriegsreparationen bezahlen;
- unzählige° Handels-, Kriegs- und Industriematerialien ausliefern;° — *innumerable / hand over*
- Elsaß-Lothringen, das Saargebiet, Westpreußen und alle überseeischen Gebiete aufgeben;
- die allgemeine Wehrplicht° aufheben und den größten Teil des deutschen Heeres auflösen;° — *military duty* / *dissolve*
- und das Rheinland demilitarisieren.

Wie faßten die Deutschen den Friedensvertrag auf°? — auffassen: *to regard, view*

Der Friedenskuß

ÜBUNGEN UND AKTIVITÄTEN

A. Fragen zur Besprechung

1. Welche kleinen und großen Mächte kämpften gegeneinander und auf welcher Seite?
2. Wieso war die geopolitische Lage der Großmächte wichtig für Deutschland im Ersten Weltkrieg?
3. Wie erklären Sie die Ursachen des Ersten Weltkrieges?
4. Was waren die Hauptpunkte des Friedensvertrags zu Versailles? Welcher war Ihrer Meinung nach für die Zukunft des europäischen Friedens am wichtigsten?

B. Bildinterpretationen. Die Klasse teilt sich in kleine Gruppen. Jede Gruppe bespricht ein oder mehrere Bilder. Welche geschichtlichen und politischen Perspektiven werden in jedem Bild dargestellt? Die Bilder zeigen viel Symbolik. Was bedeutet jedes Symbol? Was hat jedes Bild mit den Ereignissen des ersten Weltkrieges zu tun? Jede Gruppe soll dann ihre Meinungen mit der ganzen Klasse besprechen.

C. Der Erste Weltkrieg und die Welt heute. Die folgenden Fragen kommen oft in unseren Nachrichten vor (vorkommen: *to occur*). Spielen Sie die Rollen von Interviewer und UN Diplomat, und besprechen Sie mögliche Antworten. Wie können Sie die heutigen Situationen mit dem Ersten Weltkrieg vergleichen?

1. Wie kann Terrorismus oder Ermordung zum Krieg führen? Geben Sie Beispiele von heute.
2. Haben Kolonialismus und der Konflikt zwischen den Großmächten und dem Nationalismus der kleinen Völker noch heute Parallelen? Geben Sie Beispiele.
3. Gibt es auch in den Jahren seit dem Ersten Weltkrieg Formen vom Stellungskrieg? Welche?

B. WEITERE FAKTEN

Von der Weimarer Republik (1918–1933) bis zum Zweiten Weltkrieg (1939–1945)

Was für eine Regierung folgte dem Deutschen Kaiserreich?

Die Junge Republik

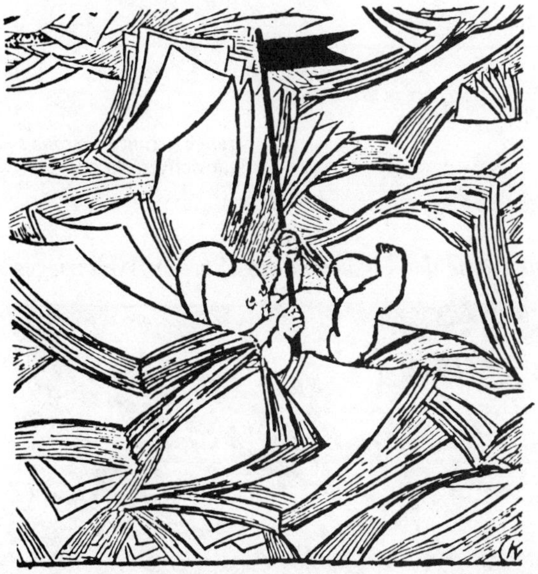

Erstickt° das Kind nicht in Resolutionen und Protesten! — *suffocate*

Welche unlöslichen Probleme erstickten die Republik?

- Riesengroße° Reparationen, Inflation und die Weltwirtschaftskrise (1929). — *gigantic*
- Gewaltige Opposition von Links und Rechts.
- Die Dolchstoßlegende:° Verbreitet von Kaiser Wilhelm II, besagte die Dolchstoßlegende, daß das Heer im Feld unbesiegt war, aber durch sozialistische Agitation und Defätismus in der Heimat „von hinten" erdolcht wurde. Die Nazis versuchten später, die Weimarer Republik damit zu diffamieren.° — *myth of the stab in the back* / *to defame*
- Politische Unstabilität: 20 Kabinette und 12 Kanzler in 15 Jahren.

Wie hat Hitler 1933 diktatorische Macht ergriffen°? — *seized*

Als Kanzler (ab Januar 1933) konnte Hitler durch eine Verordnung° nach dem Reichstagsbrand° und durch das Ermächtigungsgesetz° (März, 1933) — *decree* / *burning of the parliament / Enabling Law* politische Oppositionsparteien verbieten und Gesetze ohne das Parlament erlassen.° — *to proclaim*

Ergebnislose° Haussuchung bei Hitler — *futile, without results*

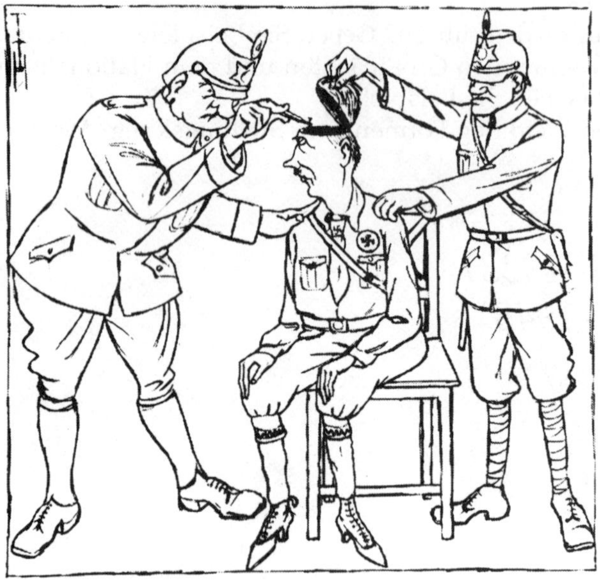

„Merkwürdig,° mit wie geringen° Mitteln° sich viel Unheil° anrichten° läßt!" — *strange / scanty / means / harm /* anrichten: *to cause*

Wie hat die Opposition die Nazipartei betrachtet?

Was war eine der Ursachen des Zweiten Weltkrieges?

„Wir haben keine territorialen Forderungen. Wir wollen die Welt!"

Wie kann man die Ereignisse dieses Krieges kategorisieren?

- 1939–1942: Die Zeit der deutschen Siege (über Polen, Dänemark, Norwegen, die Niederlande, Belgien, Frankreich, Jugoslawien, Griechenland usw.)
- 1942–1945: Die Zeit der deutschen Niederlagen (Stalingrad, Afrika, Italien, Normandie D-Day)

Wie betrachtete man die beiden letzten Jahre des Zweiten Weltkrieges?

„Ich möchte wissen, Karl, wie wir mit unserer Angina pectoris an die Front kommen sollen?"
„Was heißt kommen? Die Front kommt zu uns."

Wie sah der Widerstand in Deutschland aus?

- Die „Weiße Rose": Professor Kurt Huber und die Studenten Hans und Sophie Scholl riefen 1942 zum Widerstand gegen die Nazis auf.
- Neun Attentate auf Hitler, vor allem, das Attentat am 20. Juli 1944, geführt von Graf Schenk von Stauffenberg.

Das Ende: Verlust von über 55 000 000 Soldaten und Zivilpersonen.

„Das Ende"

ÜBUNGEN UND AKTIVITÄTEN

A. Fragen zur Besprechung

1. Warum verlor die Weimarer Republik endlich die politische Macht?
2. Wie kam Hitler zur diktatorischen Macht?
3. Was waren einige Ursachen des Zweiten Weltkrieges?
4. Wie kann man die militärischen Ereignisse des Krieges im allgemeinen kategorisieren?
5. Was war die „Weiße Rose"?
6. Vergleichen Sie die Verluste des II. Weltkrieges mit denen des I. Weltkrieges. Wie erklären Sie den Unterschied?

B. Bildinterpretationen. Versuchen Sie in der Klasse so viele Fragen wie möglich über jedes Bild zu stellen. Die Fragen sollen mit Interpretation, Kontext und Bedeutung des Bildes zu tun haben. Schreiben Sie eine Liste dieser Fragen an die Tafel. Besprechen Sie die Fragen und Ihre Antworten.

C. Der Zweite Weltkrieg in den Medien. Der zweite Weltkrieg wird oft als Thema in Filmen, Fernsehsendungen und Büchern benutzt. Welche Beispiele kennen Sie? Was für ein Bild von Amerika und von Europa bekommt man von diesen Beispielen? Ist dieses Bild realistisch und geschichtswahr (*historically true*)? Besprechen Sie in der Klasse diese Fragen und das allgemeine Problem von dem Verhältnis zwischen Geschichte und den Medien.

C. WEITERE FAKTEN

Deutschland nach dem Weltkrieg

Nach dem II. Weltkrieg wollten die Westmächte aus Deutschland eine Demokratie mit Freiheiten, Menschenrechten und Privateigentum° für alle machen. Das sieht man zum Teil an dem Grundgesetz° der Bundesrepublik Deutschland:

private property
Basic Law (consititution of the Federal Republic of Germany)

- Grundgesetz der BRD (1949) Art. 3, 1: „Alle Menschen sind vor dem Gesetz gleich."
- Verfassung° des Deutschen Reiches (Weimar, 1919) Art. 109, Satz 1: „Alle Deutschen sind vor dem Gesetz gleich."

constitution

Wie wurde Deutschland nach dem II. Weltkrieg in 1945 geteilt?

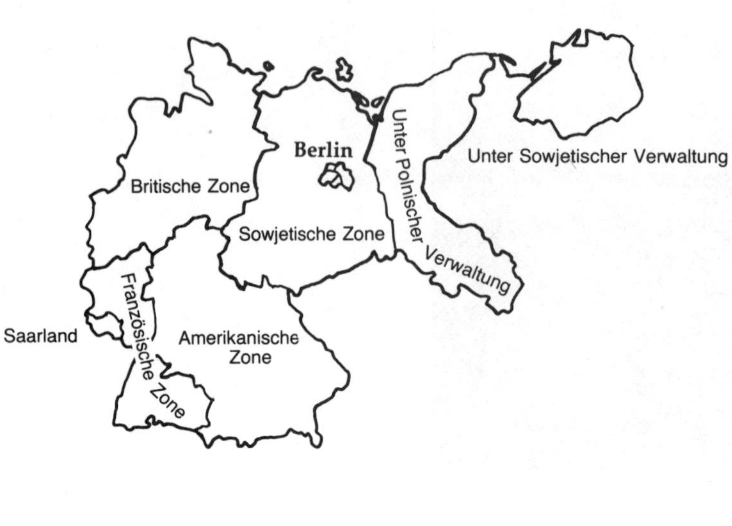

die Verwaltung: *administration*

Wann entstanden die neuen Staaten, und wie sehen sie aus?

Die Bundesrepublik Deutschland (1949)

Die Deutsche Demokratische Republik (1949)

Inwieweit ist die Bundesrepublik heute militarisiert?

Seit 1955 besteht die Bundeswehr als Teil der Verteidigungskräfte der NATO.

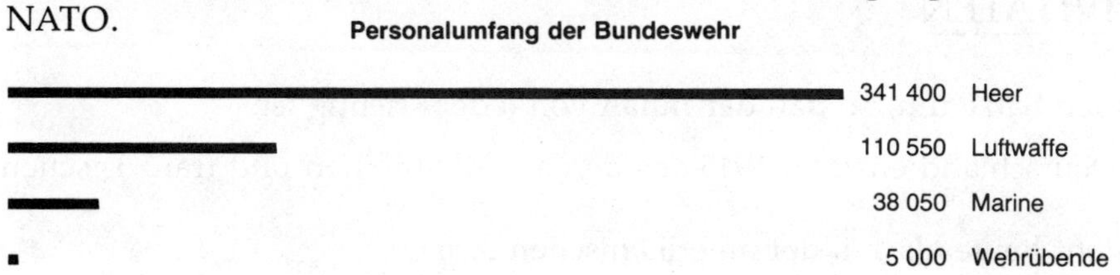

Was ist heute Wehrpflicht,° und was sind Dienstverweigerer°?

military duty / conscientious objectors

Es besteht eine allgemeine Wehrpflicht (15 Monate), aber niemand darf gegen sein Gewissen° zum militärischen Dienst gezwungen werden. Dienstverweigerer dürfen anstatt der Wehrpflicht einen zivilen Dienst (18 Monate) leisten (in Krankenhäusern, sozialen Anstalten,° z.B.).

conscience

institutes

Was ist die Friedensbewegung?

Eine Bewegung gegen Nachrüstung° und die Einführung von Nuklearwaffen.°

increased armaments

die Waffe: *weapon*

Glauben die Deutschen, daß Deutschland noch einmal eine Großmacht werden sollte?

	1955	1972	1984
	%	%	%
Nein	48	67	59
Ja	25	12	22
Unsicher	27	21	19

Glauben die Deutschen, daß ein Mann wie Hitler noch einmal die Macht ergreifen könnte?

	1983
	%
Nein	57
Ja	23
Unsicher	20

Sollte man Nuklearwaffen in Deutschland einführen?

	1984
	%
Dagegen	40
Dafür	37
Unentschieden	23

Glauben die Deutschen, daß es in den nächsten 20 oder 30 Jahren zu einem Weltkrieg kommt?

	1984
	%
Ich glaube, es kommt zu einem Weltkrieg	24
Das glaube ich nicht	42
Ich weiß nicht	34

ÜBUNGEN UND AKTIVITÄTEN

A. Schreiben Sie die folgenden Sätze um, so daß der Inhalt von jedem richtig ist.

1. Die Bundesrepublik Deutschland enstand 1945 aus den amerikanischen und französischen Zonen.
2. Die Bundeswehr besteht heute als Teil der amerikanischen Armee.
3. Jeder deutsche Junge muß heute 15 Monate im miitärischen oder zivilen Dienst dienen.
4. Obgleich die Friedensbewegung gegen Nuklearwaffen ist, wollen die meisten Deutschen, daß Nuklearwaffen in Deutschland stationiert werden.
5. Die meisten Deutschen sind unsicher, ob ein Mann wie Hitler wieder die Macht ergreifen könnte.

B. Diskussion. Sind Sie für oder gegen den militärischen Dienst? Sind Sie für oder gegen den zivilen Dienst als Ersatz für den militärischen Dienst? Jeder in der Klasse beantwortet beide Fragen und gibt Gründe für seine/ihre Antworten. Benutzen Sie die Stichwörter oder Ihre eigenen Ideen.

DAFÜR	**DAGEGEN**
die Pflicht	der Frieden
die Gesellschaft	das Recht
die Freiheit	die Technologie
die Verantwortung	sterben
der Feind	unabhängig
verteidigen	
dienen	
angreifen	
verlieren	

D. MEINUNGEN

Drei deutsche Bundeswehrsoldaten sprechen über Ab°- und Nachrüstung.

die Abrüstung: *disarmament*

MICHAEL: Wir brauchen aber kein Gleichgewicht° aus Angst, sondern einen echten, positiven Frieden. Das ist die Aufgabe der Politiker. Beide Seiten müssen Schritt für Schritt abrüsten. Aber das tut keiner. Deshalb muß jeder einzelne dafür kämpfen und keine Waffen in die Hand nehmen.

balance

INGO: Die Wehrdienstverweigerer können doch nur in Freiheit leben, weil die anderen sie verteidigen.

GREGOR: Wenn man hier einfach aufhört, nachzurüsten, dann wird das Gleichgewicht zu arg° in den Osten verschoben°, der Osten wird zu mächtig. Anderseits kann man natürlich wieder sagen: Irgendjemand muß aufhören, denn es geht ja nicht weiter. Was sollen wir mit fünfzig mal Vernichtung° der Welt? Auf jeden—jeden Bürger—kommt bald eine Hiroshima-Bombe, um ihn auszulöschen;° das ist natürlich absoluter Schwachsinn.°

severely / shifted

destruction

to obliterate / imbecility

AKTIVITÄT

Welcher Meinung sind die Bundeswehrsoldaten? Besprechen Sie die Gründe, die jeder für seine Meinung gibt. Mit wem stimmen die meisten Studenten in der Klasse überein? Warum?

ETWAS ZUM LESEN

Machen Sie die folgenden Übungen vor dem Lesen, und lernen Sie dabei einige Wörter zur Entschlüsselung des Textes.

SYNONYMÜBUNG

A. Ersetzen Sie die kursivgedruckten Wörter durch Adjektive oder Nomen von der folgenden Liste.

das Motiv	clever
die Kondition	die Résistance
die Macht	der Klub
die Revolution	die Nummer
okkupiert	der Konspirant

1. Auf die Frage, ob es eine *Widerstandsbewegung* gegen den Nationalsozialismus gab, findet man für *besetzte* Länder wie die Sowjetunion und Frankreich die Antwort unkompliziert.
2. Unter den *Bedingungen* einer totalitären *Herrschaft*, die mit *raffinierter* Propaganda ihr Volk irreleitete (*misled*), mußte der Widerstand in Deutschland eine neue Form finden.
3. Der Reichstagsbrand wurde 1933 als *Aufstands*versuch gegen das Hitlerregime erklärt.
4. Die totalitäre Herrschaft verbot alle nichtfaschistischen Parteien und *Vereine* sowie alle Gewerkschaften.
5. Daß viele es versucht haben, dafür sprechen die *Zahlen*.
6. Der Plan mißlang und 200 *Verschwörer* zahlten dafür mit dem Leben.
7. Die Antwort der Sophie Scholl spricht für die *Beweggründe* dieser und vieler anderer Gruppen.

B. Ersetzen Sie die kursivgedruckten Wörter durch Verben von der folgenden Liste.

motivieren	aufstellen
kaputtmachen	wiedergutmachen
riskieren	schuldigsprechen

1. In den sechs Jahren vor dem II. Weltkrieg wurden 225 000 Menschen aus politischen Gründen von Gerichten (*courts*) *verurteilt*.
2. Was *bewog* diese Studenten, ihr Leben aufs Spiel zu setzen (aufs ...: *to risk*).
3. Der deutsche Name bleibt für immer geschändet (*dishonored*). Die deutsche Jugend muß endlich aufstehen, rächen (*take vengeance*) und *sühnen* zugleich. Sie muß ihre Peiniger *zerschmettern* und ein neues geistiges Europa *aufrichten*.
4. Sie *wagen* nur nicht, es auszusprechen.

Der Widerstand gegen das Hitler-

Auf die Frage, ob es Widerstandsbewegungen g sozialismus gab, findet man für besetzte Lände ihren Partisanen und Frankreich mit seiner Ré viel unkomplizierter als für das Land, das se jubelt hat.° Unter den Bedingungen einer to raffinierter Propaganda ihr Volk irreleitete und Zensur niederdrückte,° mußte der W neue Form finden. Das wurde besonders brand, der 1933 als Aufstandsversuch gege wurde und als Grund zum Verbot von allen nicht Vereinen und Gewerkschaften diente.

Daß viele es versucht haben, dafür sprechen die Zahle Jahren vor dem II. Weltkrieg wurden 225 000 Menschen aus po Gründen von Gerichten verurteilt. Zwischen 1933 und 1945 wurden drei Millionen Deutsche in Konzentrationslager geschickt oder in Zuchthäusern° gefangengehalten;° fast 20 000 wurden aus politischen Gründen zum Tode verurteilt.

pr... / imprisoned

Haben die Deutschen davon gewußt? Wegen der Zensur und des weiterverbreiteten Spitzelwesens° blieb ein Teil des Widerstands den Deutschen unbekannt. Es gab auch viele humane Taten, die notwendigerweise verschwiegen° werden mußten. Z.B. in Berlin konnten Tausende von Juden vor dem Abtransport in die Konzentrationslager bewahrt° werden, weil sie von Freunden und Bekannten versteckt° wurden.

informing
kept quiet
saved / hidden

Ein größeres und weltbekanntes Beispiel für den deutschen Widerstand bieten Graf Schenk von Stauffenberg und seine Mitverschworenen, die am 20. Juli 1944 mit Hilfe einer Bombe einen Attentatsplan gegen Hitler durchführten. Der Plan mißlang, und 200 Verschwörer zahlten dafür mit dem Leben.

Schon früher aber hatten Widerstandsgruppen tragisch gegen das Terrorregime der Nazis konspiriert. Vor allem denkt man an die Weiße Rose, eine Studentenorganisation, zu der Professor Kurt Huber und die Geschwister Hans und Sophie Scholl gehörten. Mit Flugblättern° riefen sie die Deutschen zum Widerstand gegen die Nazi-Tyrannei auf; in dem letzten Flugblatt, das sie an der Universität München verteilten,° und das ihnen 1943 das Todesurteil brachte, heißt es: „Der deutsche Name bleibt für immer geschändet, wenn nicht die deutsche Jugend endlich aufsteht, rächt und sühnt zugleich, ihre Peiniger zerschmettert und ein neues geistiges Europa aufrichtet."

pamphlets
distributed

Was bewog diese jungen Studenten, ihr Leben aufs Spiel zu setzen? Eine ähnliche Frage hat der Richter und Präsident des Volksgerichtshofes,° Roland Freisler, der eine brutale Terrorjustiz praktizierte, an die Sophie Scholl gestellt. Ihre Antwort spricht für die Beweggründe dieser und vieler anderer Gruppen: „Einer muß ja doch mal schließlich damit anfangen. Was wir sagten und schrieben, denken ja so viele. Nur wagen sie nicht, es auszusprechen."

People's Court

ÜBUNGEN UND AKTIVITÄTEN

A. Fragen zur Besprechung

1. Worin unterschieden sich die anderen antifaschistischen Widerstandsbewegungen von dem deutschen Widerstand?

2. Wie weiß man, daß es in Deutschland Widerstand gegeben hat?
3. Was waren die Beweggründe, Methoden und Ziele der Weißen Rose?
4. Hatte die Weiße Rose das Recht, das deutsche Volk zur Revolution und zum Umsturz der Naziregierung aufzurufen?

B. Ein Vergleich: Amerikanische und deutsche Protestgruppen. Organisieren Sie einen Protest gegen ein wirkliches oder erfundenes Unrecht. Stellen Sie Ihre Beweggründe, Methoden und Ziele fest. Welche Methoden haben Sie erwählt und warum? Was für Resultate erwarten Sie? Vergleichen Sie Ihre Organisation mit der Weißen Rose. Was finden Sie dabei ähnlich oder verschieden?

SCHLUSSAKTIVITÄTEN

A. Interview/Diskussion. Spielen Sie zu zweit die Rollen von zwei Soldaten: der eine vom Ersten Weltkrieg und der andere vom Zweiten Weltkrieg. Besprechen Sie die Kriege von den zwei Perspektiven. Erzählen Sie einander von den Ursachen und Ereignissen der beiden Kriege. Besprechen Sie, wie man Kriege in der Zukunft vermeiden kann. Einige Paare sollen ihre Diskussionen der Klasse vorführen.

B. Debatte: Nachrüstung oder Abrüstung? Die Klasse teilt sich in zwei Gruppen auf. Argumentieren Sie für Nachrüstung oder für Abrüstung. Versuchen Sie, ein paar Ausdrücke aus der Redemittelliste zu verwenden.

1. Behaupten:

   Ich bin der Ansicht, daß ...
   Ich stelle mir vor, daß ...

2. Widersprechen:

   Das ist doch aus der Luft gegriffen.

3. Zeit zum Nachdenken gewinnen:

   Laß mich mal nachdenken!
   Wenn ich das so richtig durchdenke ...

4. Nachfragen:

   Hast du wirklich gesagt, daß ...
   Wie hast du das gemeint?

5. Zustimmen:

   Da bin ich völlig deiner Meinung.
   Da hast du vollkommen Recht.

FÜR NACHRÜSTUNG

sich verteidigen / müssen
ohne Waffen / kein Frieden
ohne Verteidigung / isoliert
Bündnissystem / I. Weltkrieg / zum Krieg
Macht / bringen / Sicherheit
Ohne Waffen / Feinde / angreifen
Oder?

FÜR ABRÜSTUNG

kein Frieden / Nachrüsten
Flottenrivalität / I. Weltkrieg
Bündnissystem / garantieren / Frieden
Wie / bei / die Ameisen
Kleine / sein / zusammen / groß
Mit Waffen / werden / Feinde
Oder?

10 Deutschland und Amerika

Das Heidelberger Schloß

Einwanderer bei der Ankunft in New York

EINFÜHRUNG

Lesen Sie die Einführung und beantworten Sie die Fragen.

300 Jahre deutsch-amerikanischer Beziehungen: Deutschland in Amerika und Amerika in Deutschland

„Amerika, du hast es besser", heißt es in einem Gedicht von Johann Wolfgang von Goethe. „Besser", denn Amerika hatte die Möglichkeit eines neuen Beginns, unbeschwert° von den nutzlosen Traditionen und Streitigkeiten° des alten Europas. „Amerika, du hast es besser", wiederholten Generationen deutscher Auswanderer nach Goethe, und ihnen bedeutete „besser" Freiheit, Demokratie, wirtschaftlicher Aufstieg und schließlich Reichtum.° Seit dem Beginn der Kolonisation Amerikas verließen viele Deutsche ihre Heimat, um in der „Neuen Welt" ihr Glück zu suchen, so viele, daß dem „US Census Bureau" nach 28,8 Prozent aller Amerikaner wenigstens zum Teil deutsche Vorfahren° haben. Sie brachten Deutschland nach Amerika und beteiligten sich am Aufbau ihrer neuen Heimat.

unhampered
quarrels
wealth
forebears

Die große Auswanderung ist längst vorbei. Zwei bittere Kriege brachten unermeßliche° Veränderungen in den Beziehungen der beiden Länder zueinander, und dann kam Amerika nach Deutschland. Zunächst brachten die G.I.s Zigaretten, Nylons und Kaugummi, aber dann kam amerikanische Technologie und ihre Sprache. Die Popkultur hielt ihren Einzug,° und schließlich kamen die Raketen.

immeasurable
Einzug halten: *to enter*

Welches Bild machten sich Deutschland und Amerika voneinander? Was sagten und schrieben sie übereinander? Das sind Fragen, mit denen sich dieses Kapitel beschäftigt.

FRAGEN ZUM INHALT

1. Warum hatte Amerika es besser, Goethes Meinung nach?
2. Warum kamen so viele Deutsche in die „Neue Welt"?
3. Was bedeutet: „Die Einwanderer brachten Deutschland nach Amerika"?
4. Was brachten die Amerikaner nach Deutschland?

FAKTEN UND MEINUNGEN

A. FAKTEN

Das 17. und 18. Jahrhundert

Die meisten Auswanderer des 17. und 18. Jahrhunderts kamen aus religiösen Gründen nach Amerika. In Europa wurden Pietisten und andere Reformierte oft verfolgt° oder sogar vertrieben.° William Penn gründete seine Kolonie Pennsylvanien im Jahr 1681 und bestimmte, daß sie ein Land religiöser Freiheit sein sollte. Er machte zwei Reisen nach Deutschland, um Ansiedler° einzuladen. Dreizehn Familien aus Krefeld kamen am 6. Oktober 1683 in Philadelphia an, in dessen Nähe sie die

persecuted / expelled
settlers

Stadt „Germantown" gründeten. Im Jahr 1708 fand eine Gruppe armer Pfälzer° Aufnahme° in Pennsylvanien, nachdem sie jahrelang heimatlos umhergewandert waren. Ihr Dialekt, ihre Gebräuche und ihre Volkskunst sind noch heute bei den „Pennsylvania Dutch" erhalten. Bei Ausbruch des Unabhängigkeitskrieges wohnten etwa 250 000 Deutsche in den 13 Kolonien. Von Beruf waren sie hauptsächlich Handwerker, Kaufleute, Farmer, Geistliche° und Lehrer. Im Unabhängigkeitskrieg kämpften Deutsche auf beiden Seiten. Viele dienten in der Kolonial-Armee. Ein junger Offizier namens Friedrich W. von Steuben bot Washington im Winter 1777–1778 in Valley Forge seine Dienste an. Er bildete die Truppen aus, so daß sie im Frühling bereit waren, gegen die Engländer anzutreten.° Auf der anderen Seite standen die Hessen, 30 000 Deutsche, die von ihren Landesherren an die Engländer verkauft worden waren. Nach dem Krieg blieben 12 000 von ihnen in Amerika.

inhabitants of the Palatinate / Aufnahme finden: *to be received*

clergymen

to go up against

ÜBUNGEN UND AKTIVITÄTEN

A. Fragen zum Inhalt des Textes

1. Weshalb kamen die Mitglieder der zahlreichen pietistischen Sekten nach Amerika?
2. Wo durften sie eine Siedlung gründen?
3. Wie heißt die amerikanische Siedlung der Auswanderer aus Krefeld?
4. Auf welchen Seiten kämpften die Deutschen im Unabhängigkeitskrieg?
5. Welche Leistung verdankt man Friedrich W. von Steuben?

B. Zwei Gruppen argumentieren über die Frage, inwieweit Immigranten in Amerika ihre eigene Sprache und Kultur behalten sollten. Welche gesellschaftlichen Probleme sind mit dieser Frage verbunden? Behandeln Sie auch das Thema der Kinder dieser Immigranten. Sollen die Kinder die Sprache und die Sitten des Vaterlandes ihrer Vorfahren kennen?

Das 19. Jahrhundert

Auch im 19. Jahrhundert war Amerika für die Deutschen ein romantisches Land wo der Indianer, der „edle Wilde," sich in der weiten „Prärie" gegen das räuberische° „Blaßgesicht"° verteidigen mußte.

rapacious / *pale face*

Was trug zu diesem verzerrten° Amerikabild bei? — *distorted*

Romane wie die von John Fenimore Cooper, besonders „Lederstrumpf", wurden in Deutschland vor allem von der Jugend verschlungen.° — *devoured*

Der deutsche Schriftsteller Karl May, der nie in Amerika gewesen war, hatte mit seinen Indianerbüchern Riesenerfolge.° Sein Apache-Häuptling° Winnetou war bei der Jugend ein beliebter Held. — *gigantic successes* / der Häuptling: *chieftain*

Gegen Ende des 19. Jahrhunderts brachte Buffalo Bill mit seiner „Wild-West Schau" das romantische Amerika selbst nach Deutschland.

Atelieraufnahme von Karl May als „Old Shatterhand" mit Winnetous „Silberbüchse".

Die Auswanderer

In den 100 Jahren zwischen 1820 und 1920 wanderten über 6 Millionen Deutsche nach Amerika aus. Welche Wünsche und Träume führten sie in die „Neue Welt"?

Im Jahre 1851 sangen die Auswanderer ein Lied über ihre utopischen Hoffungen:

Mein Vetter° schrieb noch kürzlich mir — *cousin*
  aus diesem schönen Land.
Und ich bleib wahrlich° nicht mehr hier, — *truly*
  will hin zum schönen Land.
Rosinen,° Mandeln° ißt man da, — *raisins / almonds*
  wie hierzuland das Brot,
Denn in dem Land Amerika
  hat man gar keine Not.

AKTIVITÄTEN

A. In Deutschland gibt es ein Sprichwort: „Bleibe im Lande und nähre (sich nähren: *to earn one's living*) dich redlich (*honestly*)." Wieso kann man dieses Sprichwort auf die beiden Bilder anwenden?

B. Viele Deutsche blieben lieber zu Hause. Was hielten sie von den Wünschen und Träumen der Auswanderer? Beschreiben Sie die Freuden und Leiden (*sufferings*), die in den Bildern dargestellt werden. Benutzen Sie dabei die Stichwortliste.

das Pferd	*horse*
der Pflug	*plow*
das Rind	*cattle*
das Schaf	*sheep*
der Getreidesack	*grain sack*
die Weinrebe	*vine*
das Faß	*barrel*
der Krug	*pitcher*
der Löwe	*lion*
der Stein	*stone*
die Fliege	*fly*

Nach dem Bürgerkrieg° waren deutsche Einwanderer am Aufstieg Amerikas zur Wirtschaftsmacht beteiligt.°

Civil War
beteiligt an: *involved in*

George Westinghouse, Erfinder° der Luftbremse°

inventor
air brake

Levi Strauss, Erfinder der „blue jeans"

Carl Schurz als General im Bürgerkrieg. Später wurde er Innenminister in Präsident Hayes' Kabinett.

Heinrich E. Steinweg, Gründer von Steinway & Sons, Pianoforte Co.

ÜBUNGEN UND AKTIVITÄTEN

A. Fragen zum Inhalt des Textes

1. Welches Amerikabild hatte man in Deutschland im 19. Jahrhundert?
2. Warum kamen die Auswanderer nach Amerika?
3. Wie bekamen sie Auskunft über das neue Land?
4. Wie wurde Carl Schurz berühmt?

B. Der „Wilde Westen" und die Amerikaner. Besprechen Sie in kleinen Gruppen Ihr Indianerbild. Wie ist es entstanden? Meinen Sie, daß es in den letzten Jahren realistischer geworden ist? Wodurch?

C. Mein romantisches Land? Beschreiben Sie das Land, von dem Sie ein idealisiertes Bild haben.

D. Berühmte Deutsche in Amerika. Arbeiten Sie in kleinen Gruppen, und schreiben Sie so viele Namen wie möglich auf.

E. Hausarbeit. Schreiben Sie einen Bericht über einen Einwanderer/eine Einwanderin, der/die Sie besonders interessiert.

B. WEITERE FAKTEN UND MEINUNGEN

Die „Little Germanies" in Amerika

Viele der deutschen Einwanderer siedelten sich in der Nähe von ihren Landsleuten° an,° um Trost° und Schutz bei ihnen zu finden. So entstanden, besonders in den großen Städten, die „Little Germanies". Die

compatriots / sich ansiedeln: *to settle* / *solace*

Deutscher Biergarten im Jahre 1825 in New York

gemeinsame° Sprache, Erfahrungen der älteren Immigranten, gegenseitige Hilfe und Unterstützung,° deutsche Schulen, Freizeitaktivitäten in den Vereinen° und die Geselligkeit° in den Biergärten erleichterten° ihnen das Einleben° und linderten° ihr Heimweh.

common
support
clubs / conviviality / made easier
adjustment / alleviated

Wie reagierten die gebürtigen° Amerikaner auf dieses Sich-Isolieren der Deutschen?

native

Um die Mitte des Jahrhunderts begannen viele Amerikaner die Folgen der Massenimmigration überhaupt zu fürchten. Ihr Ärger richtete sich oft gegen die „Little Germanies". Trotzdem wurden die Biergärten populär, und das Wort „Gemütlichkeit" ging ohne Übersetzung in die amerikanische Sprache ein.

ÜBUNG UND AKTIVITÄT

A. Fragen zum Inhalt des Textes

1. Wie entstanden die „Little Germanies"?
2. Was fürchteten viele Amerikaner um die Mitte des 19. Jahrhunderts?
3. Was wurde bei vielen Amerikanern trotzdem populär?

B. Sind sie so anders? Bilden Sie kleine Gruppen, und besprechen Sie, wie Sie auf Minoritäten reagieren. Machen Sie eine Liste Ihrer positiven und negativen Gefühle, und lesen Sie sie der Klasse vor.

Amerikaner in Deutschland

Wie haben Amerikaner Deutschland im 19. Jahrhundert erlebt?

Mark Twain besuchte auf seinen Weltreisen Deutschland immer wieder. Drei Monate lang wohnte er einmal in Heidelberg, nahm am Studentenleben teil und lernte Deutsch. In seinem Essay „Die schreckliche deutsche Sprache" beschreibt er, wie schwierig er sie fand. „An erster Stelle würde ich den Dativ fortlassen. Er bringt die Plurale durcheinander; und außerdem weiß man nie, wann man sich im Dativ befindet,° wenn man es nicht zufällig entdeckt—und dann weiß man nicht, wann und wo man hineingekommen ist, wie lange man schon drin° ist, und wie man jemals wieder herauskommen soll. Der Dativ ist nur eine närrische° Verzierung°—es ist besser, ihn aufzugeben."

sich befinden: *to be situated*
drin: darin
foolish
decoration

AKTIVITÄTEN

A. Besprechen Sie in kleinen Gruppen, welche Reisebeschreibungen Sie gelesen haben. Von welcher Art halten Sie mehr: von den erdachten, oder den wirklichen?

B. Hausarbeit. Beschreiben Sie die interessanteste Reise, die Sie gemacht haben.

C. „Die __?__ deutsche Sprache." Arbeiten Sie in kleinen Gruppen, und besprechen Sie die Erlebnisse, die Sie beim Lernen der deutschen Sprache gehabt haben. Stellen Sie einen kurzen und witzigen Bericht zusammen, und lesen Sie ihn der Klasse vor.

Mark Twain arbeitet an seinem Buch „Bummel° durch Europa" (Tramp Abroad).

stroll, jaunt

Das 20. Jahrhundert

Zwei Weltkriege, insbesondere der Zweite Weltkrieg, bestimmten zum großen Teil die Einwanderung im 20. Jahrhundert. Während der dreißiger Jahre führten die politischen Verfolgungen in Nazideutschland zum größten Exodus der deutschen Geschichte. Mehr als eine Million Deutsche wurden Flüchtlinge,° viele von ihnen, weil sie Juden waren. Zweihunderttausend Flüchtlinge gingen in die USA, wo sie die amerikanische Kultur, Wissenschaft und Politik auf vielen Gebieten sehr bereicherten.° Nur wenige kehrten nach dem Krieg nach Deutschland zurück.

refugees

enriched

Die Wiederaufbauhilfe durch den Marshallplan, die Luftbrücke nach Berlin, um die sowjetische Blockade der Stadt im Jahre 1948 zu brechen, und der rege° Austausch von Schülern, Studenten und Wissenschaftlern in den letzten Jahrzehnten sind bedeutungsvolle Zeichen von einem wachsenden, gegenseitigen Verständnis und von gesunden Beziehungen zwischen den Deutschen und Amerikanern.

lively

Wer waren einige der Flüchtlinge und Einwanderer?

Albert Einstein, Nobelpreisträger und Physiker

Arnold Schönberg, Komponist

Walter Gropius, Architekt und Begründer der Bauhauskunst

Thomas Mann, Nobelpreisträger und Romanschriftsteller

Fritz Lang, Filmdirektor

Marlene Dietrich, Schauspielerin

Werner von Braun, Physiker

Was halten die Deutschen heute von Amerika und den Amerikanern? Lesen Sie die Reaktionen der Deutschen auf die Fragen, die ihnen öfters gestellt werden.

Gefallen Ihnen die Amerikaner?

	1961	1971	1981
	%	%	%
Ja	51	48	51
Nicht besonders	16	24	22
Unentschieden	33	28	27

Was ist typisch amerikanisch?

AMERIKANER SIND:	1962	1982	
	%	%	
Tüchtig° im Geschäft	56	62	*capable*
Progressiv	61	58	
Erfinderisch	46	55	
Schätzen persönliche Freiheit am höchsten	50	53	
Sehr patriotisch	39	53	
Extravagant	36	49	
Energisch	47	48	

Internationale Studenten in den Bayrischen Alpen

Rochester, New York grüßt einige deutsche Besucher

Wie sind die Beziehungen zwischen Deutschland und Amerika jetzt im Vergleich zu früher?

	1973	1983
	%	%
Besser	10	6
Schlechter	27	31
Keine Änderung	50	48
Ich weiß es nicht	13	15

Sollen die amerikanischen Truppen in Deutschland bleiben?

	1956	1982
	%	%
Ja	22	59
Nein	51	12
Unentschieden	27	29

ÜBUNGEN UND AKTIVITÄTEN

A. Setzen Sie die richtigen deutschen Wörter ein.

1. Während der Nazizeit haben die deutschen ____ (*refugees*) die amerikanische Kultur ____ (*enriched*).
2. Viele Wissenschaftler, Schauspieler und Künstler, die nach Amerika kamen, wurden von den Nazis ____ (*persecuted*).

3. Der rege ____ (*exchange*) von Studenten ist ein Zeichen vom ____ (*mutual*) ____ (*understanding*).
4. Für viele Deutsche ist der typische Amerikaner ____ (*efficient*) im Geschäft, ____ (*progressive*) und ____ (*inventive*).

B. Fragen über die Fakten

1. Warum spricht man eher von Flüchtlingen als von Einwanderern im 20. Jahrhundert?
2. Welche Wirkung haben die deutschen Flüchtlinge auf die amerikanische Kultur gehabt?
3. Was sind ein paar Zeichen für die heutigen Beziehungen zwischen Deutschland und Amerika?
4. Was ist für die Deutschen typisch amerikanisch?
5. Was halten die Deutschen von den Beziehungen zwischen Deutschland und Amerika und von den amerikanischen Truppen in Deutschland?

C. Was ist für Sie typisch deutsch? Bilden Sie kleine Gruppen und besprechen Sie die Frage: „Was ist für Sie typisch deutsch?" Stufen Sie Ihre Antworten ein, und vergleichen Sie dann die Resultate der ganzen Klasse mit den Tabellen über die Meinungen der Deutschen über die Amerikaner.

C. MEINUNGEN

Jugendliche geben ihre Ansichten über Amerika

KLAUS, 18: In Amerika nimmt man alles viel gelassener° hin, denn man hat viel mehr Zeit. Hollywood ist jedem deutschen Bürger ein Begriff; auch wer der erste Präsident war. Jeder weiß, daß in Amerika viele Nationalitäten beheimatet sind. Es reicht vom Indianer hin zu den Franzosen bis zu Asiaten.

Ich würde ganz gerne einmal zu Euch rüberfliegen und mir die Sehenswürdigkeiten° anschauen. Oder mit einem Ranch Rover quer° durch die Staaten fahren. Ich würde auch mal mir das „Weiße Haus" näher betrachten; auch das Disneyland und viele Sachen mehr. Kurz gesagt, Amerika muß ein Land der unbegrenzten Möglichkeiten sein.

Natürlich weiß ich auch, daß Amerika viele Probleme hat. So zum Beispiel mit der farbigen Bevölkerung.°

gelassener: more calmly
Sehenswürdigkeiten: sights
quer: across
Bevölkerung: population

SIMONE, 20: Das erste Erlebnis bei meiner Ankunft auf dem Flughafen in Los Angeles war positiv. Diese Herzlichkeit° und Hilfsbereitschaft° des Personals! Allein hätte ich mich nie zurecht gefunden.°

Diese liebenswürdigen° Umgangsformen° der Leute untereinander bemerkte ich immer wieder. Irgendwann gingen sie mir aber als oberflächlich° auf die Nerven.° Die ständige° Frage: „How are you? Fine.—Wie geht es? Gut." wurde für mich immer mehr zur Phrase. Ob im Supermarkt, auf der Straße oder im Café: „How are you? Fine." Dazu ein Reklamelächeln.° Mit der Zeit wirkte das unehrlich auf mich. Die Freundlichkeit nach außen wollte auch gar nicht passen zu den radikalen Äußerungen,° die ich manchmal hörte. Mich erschreckte, wie die Leute Probleme so ungeheuer° vereinfachten° und schnelle Urteile° fällten.° Daß es in einigen Bundesstaaten der USA noch die Todesstrafe gibt, brachte einen Amerikaner nicht aus der Ruhe.° Die freundliche herzliche Aufnahme und die Offenheit im Gespräch blieben mir im Gedächtnis.° Die negativen Seiten aber haben auch mein Urteil über die Vereinigten Staaten geprägt.° Die Möglichkeiten der Menschen dort richten sich wohl immer noch nach Einkommen,° Herkommen° und Hautfarbe. Wo sind nur die unbegrenzten Möglichkeiten? Hat es sie jemals gegeben?

cordiality
helpfulness
sich zurecht finden: *to find one's way around*
delightful / *manners*
superficial / auf die Nerven gehen: *get on one's nerves* / *constant*
stereotypical, phony smile
statements
monstrously
simplified / *judgments* / *made*
aus der Ruhe bringen: *to disturb*
memory
formed
income / *origin*

AKTIVITÄT

Welches Amerikabild ist für Sie richtig? Bilden Sie kleine Gruppen, und besprechen Sie das Amerikabild der beiden deutschen Jugendlichen. Mit wem stimmen die meisten Studenten überein? Warum? Was finden Sie an dem Amerikabild falsch?

ETWAS ZUM LESEN

Machen Sie die folgende Übungen vor dem Lesen, und lernen Sie dabei einige Wörter zur Entschlüsselung des Textes.

SYNONYMÜBUNG
Ersetzen Sie die kursivgedruckten Wörter durch ein Synonym von der folgenden Liste.

keine Sorgen machen
verrückt sein
das Problem
ihr
betrachten

1. Wir *kümmern* uns *nicht* um das, was die Deutschen um uns herum machen.
2. Wir *empfinden* uns als ein Stück Amerika.
3. Das ist *deren Bier*.
4. Meine Meinung ist, daß sie *spinnen*.

KAREN: Ich heiße Karen und bin Amerikanerin. Seit zehn Jahren lebe ich in Deutschland. Vieles verstehe ich nicht in diesem Land. Amerikanerin zu sein in Deutschland ist nicht immer einfach. Ich gehe in eine amerikanische Schule, in der wir unter uns sind. Wir kümmern uns nicht sehr um das, was die Deutschen um uns herum machen. Wir empfinden uns als ein Stück Amerika.

Ich habe nichts gegen die Deutschen, das sind schließlich auch Menschen. Und die antiamerikanische Bewegung? Das ist deren Bier. Meine Meinung ist, daß die spinnen. Ob die im Ernst glauben, die Russen täten ihnen nichts? Wir, die Amerikaner, wollen Euch helfen, wenn Ihr das nicht versteht, seid Ihr selber schuld.

Die Leute hier in Deutschland sind immer wieder überrascht, wenn ich, obwohl ich Amerikanerin bin, über Musik, Literatur und Malerei sprechen kann. Das trauen die uns einfach nicht zu.° Das amüsiert mich jedes Mal.

Ich meine, jeder sollte so leben wie er will. Sollte aber auch die anderen leben lassen.

zutrauen: *to believe someone capable of*

ÜBUNG UND AKTIVITÄT

A. Fragen zur Besprechung

1. Was hält Karen von der antiamerikanischen Bewegung in Deutschland?
2. Was trauen die Deutschen Karen nicht zu?
3. Wie würden Sie Karens Einstellung über das gesellschaftliche Zusammenleben beschreiben?

B. Vom Interview zum Porträt. Interviewen Sie einen ausländischen Studenten oder eine ausländische Studentin an Ihrer Universität. Stellen Sie Fragen über seine/ihre Probleme als Ausländer/Ausländerin an einer amerikanischen Universität. Wie ist sein/ihr Amerikabild; was sind für ihn/sie die Vor- und Nachteile (der Vorteil: *advantage*; der Nachteil: *disadvantage*) des amerikanischen Lebensstiles?

SCHLUSSAKTIVITÄTEN

A. Familienporträt. Woher kam Ihre Familie? Erzählen Sie der Klasse, woher Ihre Familie ursprünglich kam, und wie sich das Erbe (*heritage*) noch in Ihrer Familie auswirkt. Bringen Sie auch möglichenfalls Bilder von Ihren Vorfahren in die Klasse.

B. Debatte: Amerikanische Truppen in Deutschland? Zwei Gruppen in der Klasse argumentieren für oder gegen amerikanische Truppen in Deutschland. Versuchen Sie dabei, ein paar Ausdrücke aus der folgenden Redemittelliste zu verwenden.

1. Behaupten:

   Ich bin der Meinung, daß ...
   Ich bin der Ansicht, daß ...

2. Widersprechen:

   Das ist einfach nicht wahr!
   Das ist doch aus der Luft gegriffen!

3. Zeit zum Nachdenken gewinnen:

   Wenn du mich fragst, ...
   Wenn ich das so richtig durchdenke, ...

4. Nachfragen:

   Wie hast du das gemeint?
   Wirklich?

5. Zustimmen:

   Ich bin völlig deiner Meinung.
   Da hast du Recht.

Wörterverzeichnis

A

ab down, away; back (*coll.*)
das **Abendmahl** supper, communion
das **Abenteuer, -** adventure
der **Aberglaube, -n** superstition
abergläubisch superstitious
der **Abgeordnete, -n/die Abgeordnete, -n** representative
abgeschlossen completed, finished
abgetan dealt with
das **Abitur** graduation examination
der **Abiturient, -en/die Abiturientin, -nen** graduate
der **Abkömmling, -e** descendant
die **Abkürzung, -en** abbreviation
abputzen to wipe off
abreißen (i, i) to tear down
absagen to say no, refuse
der **Abschluß, -¨sse** completion, graduation; diploma
abschreiben (ie, ie) to write down; **von einander abschreiben** to copy from each other
absehbar foreseeable, not so distant
abspeisen to run someone through; to put someone off
die **Abteilung, -en** section, department
der **Abteilungsleiter, -/die Abteilungsleiterin, -nen** department head
der **Abtransport, -e** deporting, removal
abwaschen (u, a) to wash; to wash dishes
die **Abwechselung, -en** variety
das **Adjektiv, -e** adjective
der **Adventskranz, -¨e** Advent wreath
das **Adventslied, -er** Advent song
der **Affe, -n** ape; (*fig.*) jerk
die **Aggression, -en** aggression
die **Agrarwissenschaft, -en** agronomy
(das) **Ägypten** Egypt
ähnlich similar
die **Akademie, -n** academy
akademisch academic
die **Aktivität, -en** activity
allerdings at any rate
(der) **Allerseelentag** All Souls Day
allgemein general
Allgemeines general information
alt old
der **Altar, -¨e** altar
das **Alter, -** age
die **Alternativ, -en** alternative
das **Altstadt-Zentrum, -en** center of the old part of the city
die **Ameise, -n** ant
das **Amerikabild, -er** image of America
anbeten to worship
andererseits on the other hand
sich **ändern** to change
anders different, otherwise
die **Änderung, -en** change
der **Anfang, -¨e** beginning
der **Anfangsbuchstabe, -n** beginning letter
angelernt semi-skilled
der **Angestellte, -n/die Angestellte, -n** employee, white-collar worker
sich **angucken** to look at
anhand by means (of)
ankommen (a, o) to arrive; **ankommen auf** to depend on
die **Ankunft, -¨e** arrival
der **Anlaß, -¨sse** cause; **Anlaß geben** to cause
anlocken to entice, attract
anregen to stimulate
anrichten to cause
anrufen (ie, u) to call on the phone
sich **anschauen** to look at
ansehen (a, e) to look at
sich **ansehen (a, e)** to look at, examine
die **Ansicht, -en** view, opinion
der **Ansiedler, -/die Ansiedlerin, -nen** settler
die **Anstalt, -en** institute
anständig nice, proper
der **Anteil, -e** share, portion
der **Antrag, -¨e** legislative bill; application
antreten to enter upon; ~**gegen** to go up against
anwenden (a, a) to make use of, apply
die **Anwesenheitsverpflegung, -en** meals in-house
die **Anzeige, -n** advertisement
sich **anziehen (o, o)** to dress
der **Anzug, -¨e** suit
anzünden to light
der **Apache-Häuptling, -e** Apache chieftain
der **Apfel, -¨** apple
die **Äquivalenz, -en** equivalence
die **Arbeit, -en** work
arbeiten to work
der **Arbeitgeber, -/die Arbeitgeberin, -nen** employer
der **Arbeitnehmer, -/die Arbeitnehmerin, -nen** employee
das **Arbeitsamt, -¨er** employment bureau
der **Arbeitseintritt, -e** beginning of a job
der **Arbeitslose, -n/die Arbeitslose, -n** unemployed
die **Arbeitslosigkeit, -en** unemployment
die **Arbeitspause, -n** work break
der **Arbeitsplatz, -¨e** work place, job
die **Arbeitsstelle, -n** job
das **Arbeitsverhältnis, -se** employer–employee relationship
die **Arbeitswelt, -en** world of work
die **Architekt, -en/die Architektin, -nen** architect
die **Architektur, -en** architecture
der **Ärger, -** annoyance, anger, irritation
ärgern to annoy
sich **ärgern** to be annoyed
das **Argument, -e** argument
argumentieren to argue, debate
das **Armutsproblem, -e** problem of poverty
die **Art, -en** kind; manner
artig good, well-behaved
der **Arzt, -¨e/die Ärztin, -nen** physician
der **Aschermittwoch** Ash Wednesday
der **Asiate, -n** Asian
der **Aspekt, -e** aspect
die **Atelieraufnahme, -n** studio photograph
der **Atem, -** breath
atmen to breathe
das **Atomkraftwerk, -e** atomic power plant
das **Attentat, -e** assassination
der **Attentatsplan, -¨e** assassination plan

der Aufbau construction
aufbrauchen to use up
aufführen to present (a play)
die Aufgabe, -n task
aufgeben (a, e) to give up
auflösen to dissolve
die Aufnahme, -n reception, assumption
sich aufregen to get upset
aufrichten to erect
aufrufen (ie, u) to call upon, exhort
die Aufrüstung, -en arming
aufrütteln to rouse
aufschreiben (ie, ie) to write down
der Aufschwung, ⸚e upswing
der Aufstand, ⸚e uprising, rebellion
aufstellen to set up
der Aufstieg, -e rise, increase, advancement
die Aufstiegsmöglichkeit, -en opportunity for advancement
aufzählen to tally, count up
das Auge, -n eye
der Ausbau, - expansion
ausbauen to build up, expand; renovate
die Ausbeutung, -en exploitation
ausbilden to train
die Ausbildung, -en training
die Ausbildungschance, -n opportunity for training
die Ausbildungsmöglichkeit, -en possibility for training
der Ausbruch, ⸚e outbreak
der Ausdruck, ⸚e expression
sich ausdrücken to express oneself
auseinandergehen (i, a) to separate; to differ from one another (as opinions)
ausfallen (ie, a) to drop out
ausführen to carry out
ausfüllen to fill out
ausgehen (i, a) to go out
die Ausgießung outpouring
der Ausländer, -/die Ausländerin, -nen foreigner
das Ausländerkind, -er foreign child
der Ausländerschüler, -/die Ausländerschülerin, -nen foreign pupil
ausländisch foreign
die Auslese selection; superior wine made from selected grapes
ausliefern to hand over
ausmachen to make up, constitute
ausrechnen to calculate
die Ausrede, -n excuse
sich ausrotten to exterminate each other
das Ausruhen, - resting
die Aussage, -n statement
aussehen (a, e) to look, appear
außerdem besides
außerhalb outside of
sich äußern to express oneself
außerordentlich extraordinary
die Äußerung, -en expression
aussprechen (a, o) to pronounce (words); to express (views)
aussuchen to pick out, select
der Austausch, -e exchange
sich austoben to jubilate; to let off steam, run wild
die Auswahl, -en selection
der Auswanderer, -/die Auswanderin, -nen emigrant
die Auswanderung, -en emigration
sich auswirken to have effects
Auszubildende(r) (Azubi) trainee
der Auszug, ⸚e excerpt, extract
die Autobahn, -en freeway

B

der Bäcker, -/die Bäckerin, -nen baker
baldig prompt
der Band, ⸚e volume
die Bankfachkraft, ⸚e bank staff
basta enough
der Bauboom construction boom
bauen to build
der Bauer, -n/die Bäuerin, -nen farmer
die Bauernleute farmers, peasants
die Bauhauskunst style of architecture originated by Walter Gropius, known for its adaptation of science and technology to art
der Beamte, -n/die Beamtin, -nen official
beantworten to answer
beaufsichtigen to supervise
der Bedarf need, want; demand (economic)
bedenken (a, a) to consider
bedeuten to mean
die Bedeutung, -en meaning
bedeutungsvoll meaningful
die Bedingung, -en condition
bedürfen (a, u) to be in need of
beeinflussen to influence
die Beerenauslese, -n choice or select wine
sich befassen mit to occupy oneself with
sich befinden (a, u) to be (in a state or location)
die Befreiung, -en liberation
die Befürchtung, -en fear
der Beginn, -e beginning
beginnen (a, o) to begin
begreifen (i, i) to grasp, understand
der Begriff, -e concept, idea
begründen to found; to substantiate, give reasons for
der Begründer, -/die Bergründerin, -nen founder
die Begründung, -en justification
behalten (ie, a) to keep
behandeln to treat, handle
behaupten to assert
beheimatet at home
beherrschen to rule
das Beispiel, -e example; **zum Beispiel (z.B.)** for example
beitragen (u, a) to contribute
beitreten (a, e) to enter, join
sich bekämpfen to fight each other
der Bekannte, -n acquaintance (male)
die Belastung, -en burden
beliebt beloved, popular
bemerken to notice
die Bemerkung, -en note, remark
sich bemühen to endeavor, strive
benennen (a, a) to name
benutzen to use
das Benzin gas
bequem comfortable
beraten (ie, a) to counsel, advise
die Beratung, -en counseling, consultation
berechnen to compute, calculate
berechtigen to justify
bereit ready
der Berg, -e mountain
die Berglandschaft, -en mountain landscape
der Bericht, -e report
berichten to report
der Beruf, -e occupation, profession
beruflich occupational, professional
die Berufsausbildung, -en vocational training
die Berufschance, -n chance to get a job in the field of one's training
die Berufsfachschule, -n occupational training school
das Berufsgrundschuljahr, -e first year at vocational school
das Berufsleben professional or occupational life
die Berufsmöglichkeit, -en professional or occupational opportunities
die Berufsschule, -n vocational school
das Berufsvorbereitungsjahr, -e preparation year before beginning an occupation
der Berufswunsch, ⸚e preference of occupation or profession
das Berufsziel, -e professional or occupational goal
berühmt famous
sich beschäftigen mit to be occupied, concerned with
die Bescherung, -en giving of gifts, esp. at Christmas; **schöne Bescherung** a fine mess
beschmieren to smear, mark
beschreiben (ie,ie) to describe
der Beschützer, - protector
sich beschweren to complain
besetzt occupied
der Besitz, -e possession
besitzen (a, e) to possess
besonders especially
besorgt worried
besprechen (a, o) to discuss
die Besprechung, -en discussion
bestehen (a, a) to exist; **bestehen aus** to consist of
bestimmen to determine
bestimmt definite, certain
die Bestimmung, -en determination
bestrafen to punish
bestreuen to strew
der Besuch, -e visit
besuchen to visit
beteiligen an to give a share in, make a party to
sich beteiligen an to participate in
beteiligt sein an have a share in
betrachten to observe, consider; **betrachten als** to regard as
betragen (u, a) to amount to
Betreff re
der Betrieb, -e firms
betrieblich business
das Betriebspraktikum on-site vocational training
das Bett, -en bed
beurteilen to judge
die Bevölkerung, -en population
bevor before
bewahren vor to save from

bewaldet covered with forest
bewegen (o, o) to stir, motivate
sich bewegen to move (oneself)
der Beweggrund, ⸚e motivation
die Bewegung, -en movement
das Bewerbungsschreiben, - letter of application
bezahlen to pay
bezeichnen to mark; to designate, name
sich beziehen auf (a, o) to refer to
die Beziehung, -en relation
beziehungsweise (bzw.) or, or else
das Bier, -e beer
der Biergarten, ⸚ beer garden
bieten (o, o) to offer
das Bild, -er picture
bilden to form
die Bildgeschichte, -n comic strip
der Bildschirm, -e screen (television)
die Bildung, -en education
die Bildungschance, -n educational opportunity
das Bildungsideal, -e educational ideal
der Birkenzweig, -e birch branch
das Bistum, ⸚er bishopric
das Blaßgesicht, -er pale face
das Blei lead
das Bleigießen pouring lead
blöd silly, idiotic
die Blumenenergie, -n flower energy
die Bluse, -n blouse
der Boden, ⸚ floor
die Bombe, -n bomb
das Brathähnchen, - roasted chicken
die Bratwurst, ⸚e white sausage for grilling
der Brauch, ⸚e custom
brauchen to need
der Brauer, -n brewer
braun brown
brav well-behaved
bringen (a, a) to bring
britisch British
das Brot, -e bread
der Buchstabe, -n letter
der Bundesbürger, -/die Bundesbürgerin, -nen federal citizen
die Bundesfahne, -n federal flag
das Bundesland, ⸚er federal state
die Bundesregierung, -en federal government
die Bundesrepublik Federal Republic
der Bundesstaat, -en federal state
das Bündnissystem, -e alliance system
die Burg, -en castle
der Bürger, -/die Bürgerin, -nen citizen
der Bürgerkrieg, -e civil war
das Büro, -s office
die Büroarbeit, -en office work
die Bürofachkraft, ⸚e office staff
der Bürokaufmann, die Bürokaufleute clerk
büßen to do penance, make amends
der Buß- und Bettag, -e day of repentence and prayer
die Butter butter

C

die Chance, -n chance, possibility
der Chef, -s boss
chemisch chemical
das Comikbild, -er comic strip

D

dafür for it; for that reason
dagegen against it; to the contrary
damals at that time
der Damenfriseur, -e/die Damenfriseuse, -n hairdresser (for women)
danach after that
(das) Dänemark Denmark
dankbar grateful, thankful
dauern to last
dazu to it; in addition
die Debatte, -n debate
decken to cover
dekorieren to decorate
demilitarisieren to demilitarize
der Demokrat, -en/die Demokratin, -nen democrat
die Demokratie, -n democracy
demonstrieren to demonstrate
denken (a, a) to think; **denken an** to think of
derselbe the same
deswegen because of that, for that reason
deutlich clear
die Deutschkenntnisse (pl.) knowledge of German
der Dialekt, -e dialect
dienen to serve
der Dienst, -e service
die Dienststelle, -n office
der Dienstverweigerer, - (Wehrdienstverweigerer) conscientious objector
die Differenz, -en difference
das Ding, -e thing
der Diplomat, -en diplomat
diskriminieren to discriminate
die Diskriminierung, -en discrimination
diskutieren to discuss
der Dolmetscher, -/die Dolmetscherin, -nen interpreter
das Dorf, ⸚er village
dort there
dorthin (to) there
die Drahtseilkünstlerin, -nen tightrope walker (female)
draußen out of doors
das Drehbuch, ⸚er script
(die) Dreikönige Epiphany
dreiwöchig three-week
das Drittel, - third
dunkel dark
durcheinanderbringen (a, a) to mix up, confuse
der Durchschnitt, -e average
durchschnittlich on the average

E

die Ebene, -n plain
ebensoviel just as much
echt real, genuine
die Ecke, -n corner
edel noble
egal all one, the same; **es ist mir egal** it's all the same to me
die Ehe, -n marriage
ehelich marital
der Ehepartner, -/die Ehepartnerin, -nen spouse
die Ehescheidung, -en divorce
ehren honor
ehrlich honest
die Ehrlichkeit, -en honesty
das Ei, -er egg
eigen own
eigenartig unique, peculiar
die Eigenschaft, -en property, characteristic, trait
eigentlich actually
eigenwillig self-willed
ein andermal some other time
der Eindruck, ⸚e impression
einerseits on the one hand
einfach simple
einfältig simple; simple-minded
das Einfamilienhaus, ⸚er single-family dwelling
einfangen to catch
der Einfluß, ⸚e influence
einführen to introduce
die Einführung, -en introduction
eingebildet conceited
eingeführt introduced
einkaufen to shop
das Einkaufszentrum, -en shopping center
das Einkommen, - income
das Einleben adjustment, acclimation
einmal once
einnehmen (a, o) to take, earn
einseitig one-sided
einsetzen to insert
sich einsetzen für/gegen to commit or engage oneself for/against
einstellen to hire; to tune in (radio, TV)
die Einstellung, -en attitude
das Einstellungsgespräch, -e hiring interview
einstufen to rank
der Eintritt, -e start; entrance
der Einwanderer, -/die Einwanderin, -nen immigrant
einwirken auf to influence, affect
der Einwohner, - inhabitant
der Einzug, ⸚e entry, **Einzug halten** to enter
der Elektriker, -/die Elektrikerin, -nen electrician
elektrotechnish electrotechnical
(das) Elsaß-Lothringen Alsace-Lorraine
der Empfang, ⸚e reception
empfinden (a, u) to perceive
das Ende, -n end
die Energie, -n energy
der Energiebedarf, -e need for energy
das Energieproblem, -e energy problem
die Energiequelle, -n source of energy
der Energieverbrauch energy consumption
die Energiewirtschaft, -en energy economy
das Energieziel, -e energy goal

energisch energetic
eng close, narrow
entdecken to discover
sich entfalten to develop
enthalten (ie, a) to contain
entscheiden (ie, ie) to decide
die Entscheidung, -en decision
die Entschlüsselung, -en deciphering, decoding
die Entspannung, -en relaxation
entsprechen (a, o) to correspond to
entstehen (a, a) to arise, originate
entweder ... oder either . . . or
entwickeln to develop
die Entwicklung, -en development
der Entwurf, ¨-e outline
das Erbe heritage
der Erbe, -n heir; **die Erbin, -nen** heiress
erdacht made up, fictional
die Erde, -n earth
erdenken (a, a) to think or make up
das Erdgas natural gas
das Erdöl petroleum
das Ereignis, -se event
die Erfahrung, -en experience
erfinden (a, u) to invent, discover
der Erfinder, -/die Erfinderin, -nen inventor
erfinderisch inventive
der Erfolg, -e success
erfolgsicher certain of success
die Erforschung, -en research
ergreifen (i, i) to seize
erhalten (ie, a) to receive
erheben (o, o) to raise, make (objections)
erhöhen to heighten, raise
erkennen (a, a) to recognize
erklären to explain
die Erklärung, -en explanation
erlassen (ie, a) to proclaim
erleben to experience, live through (an event)
das Erlebnis, -se experience, adventure
erleichtern to make easy
erleiden, (i, i) to suffer
das Ermächtigungsgesetz, -e Enabling Law
ermöglichen to make possible
die Ermordung, -en murder, killing
die Ernährung, -en nutrition
die Ernährungswissenschaft, -en dietetics, science of nutrition
erneubar renewable
ernst serious
der Ernst earnestness, seriousness
ernst serious
die Erprobungsstufe, -n orientation level
erreichen to reach, achieve
der Ersatzstoff, -e substitute material
die Erscheinung, -en appearance
erschrecken to frighten
ersetzen durch to replace with
erst first, not until
erstaunt astonished
ersticken to suffocate
erwähnen to mention
erwarten to expect
das Erwerbsleben working world; earning power
erwerbstätig employed
der Erwerbstätige, -n employed male; **die Erwerbstätige, -n** employed female
erwischen to catch
erzählen to narrate, tell
die Erzählung, -en short story
erziehen (o, o) to bring up (a child); to train
die Erziehung, -en upbringing
essen (a, e) to eat
das Essen food
etwas something
(das) Europa Europe
die Ewigkeit, -en eternity
das Examen, - exam
experimentieren to experiment

F

die Fabrik, -en factory
das Fach, ¨-er subject; compartment
das Fachabitur final examination at secondary technical school
der Facharbeiter, -/die Facharbeiterin, -nen skilled worker
die Fachhochschule, -n technical university
die Fachkraft, ¨-e trained worker
die Fachoberschulreife, -n technical diploma
die Fachschule, -n technical school
die Fachsprache, -n technical language
das Fachwerkhaus, ¨-er half-timbered house
die Fachwissenschaft, -en special branch of science
die Fahne, -n flag
fahren (u, a) to drive
der Fahrradweg, -e bicycle path
der Fakt, -en fact
der Faktor, -en factor
der Fall, ¨-e fall; **auf jeden Fall** at any rate
falsch wrong
die Familie, -n family
der Familienname, -n family name, married name
das Familienporträt, -en family portrait
farbig colored
der Fasching Mardi Gras
der Faschist, -en/die Faschistin, -nen fascist
das Faß, ¨-er barrel
die Fastenzeit Lent
die Fastnacht Shrove Tuesday
fehlschlagen to fail
der Feierabend, -e leisure time after work; closing time
feiern to celebrate
der Feiertag, -e holiday
die Ferien vacation
fernsehen (a, e) to watch television
der Fernseher, -e television
die Fernuniversität, -en university study by correspondence
das Fest, -e festival
der Festbrauch, ¨-e festival custom
festlich festive
feststellen to ascertain; state
der Festzug, ¨-e parade
fettreich rich in calories; rich, fatty
die Feuerwehr fire department
das Feuerwerk, -e fireworks
der Film, -e film, movie
der Filmregisseur, -e/die Filmregisseurin, -nen film director
finanziell financial
die Firma, -en firm, business
die Fläche, -n area, spot
flanieren to stroll
der Fleiß diligence, industriousness
fleißig diligent
die Fliege, -n fly
fliehen (o, o) to flee
der Flimmer, - flicker
die Flotte, -n fleet
die Flottenrivalität, -en fleet rivalry
flüchten to flee
der Flüchtling, -e refugee
das Flugblatt, ¨-er leaflet, flier
der Flughafen, ¨ airport
der Fluß, ¨-sse river
der Folge, -n consequence
folgen to follow
folgend following
fördern to support, promote
die Förderung, -en support, promotion
die Forderung, -en demand
formulieren to formulate
forschen to research
der Forscher, -/die Forscherin, -nen researcher
die Forschung, -en research
das Forschungsinstitut, -e research institute
die Forstwissenschaft, -en forestry
fortlassen (ie, a) to omit
der Fortschritt, -e progress
fortsetzen to continue
die Frage, -n question; **eine Frage stellen** to ask a question; **in Frage kommen** to consider
fragen to ask (a question)
fragwürdig questionable
(das) Frankreich France
französisch French
das Frauenbild, -er image of women
die Frauendemonstration, -en demonstration by women
frei free; **im Freien** out of doors
die Freiheit, -en freedom
die Freizeitaktivität, -en leisure-time activity
der Fremdsprachenkorrespondent, -en/ die Fremdsprachenkorrespondentin, -nen foreign-language correspondent
die Freude, -n joy
sich freuen to be happy
freundlich friendly
der Frieden peace
die Friedensbewegung, -en peace movement
die Friseuse, -n hairdresser (female)
fromm pious
die Front, -en front
früh early
der Frühling, -e spring
sich fühlen to feel
führen to lead
der Führer, -/die Führerin, -nen leader
der Funk- und Fernsehtechniker, - radio and television technician

fürchten to fear
sich **fürchten** to be afraid
fürchterlich horrible
das **Fürstentum, ¨er** principality
der **Fuß, ¨sse** foot; **zu Fuß** on foot
die **Fußgängerzone, -n** pedestrian area

G

ganz entire, quite
gar finished; even; **gar nicht** not at all
garantieren to guarantee
der **Garten, ¨** garden
der **Gast, ¨e** guest
der **Gastarbeiter, -/die Gastarbeiterin, -nen** foreign worker
das **Gebäude, -** building
das **Gebiet, -e** area
das **Gebirge,** mountain range
geboren born
das **Gebot, -e** commandment
der **Gebrauch, ¨e** custom
gebrauchen to use
das **Gebrüll** howling, bellowing
die **Geburt, -en** birth
gebürtig native
das **Geburtsdatum, -en** birth date
der **Geburtsort, ¨er** place of birth
das **Gedächtnis, -se** memory
das **Gedächtnisfest, -e** memorial celebration
der **Gedanke, -n** thought
das **Gedicht, -e** poem
geehrt honored; **Sehr geehrter Herr** Dear Sir
die **Gefahr, -en** danger
gefährlich dangerous
gefallen (ie, a) to please
gefangenhalten (ie, a) to hold prisoner
das **Gefühl, -e** feeling
gegen against
die **Gegend, -en** area
gegeneinander against one another
der **Gegensatz, ¨e** opposite
gegenseitig mutually; each other
der **Gegenstand, ¨e** object
das **Gegenteil, -e** opposite
das **Gehalt, ¨er** salary
gehen (i, a) to go; **es geht um** it is a matter of
gehoben high, elevated
gehören to belong to; **gehören in** to belong to
der **Geist, -er** ghost, spirit, mind
die **Geistermesse, -n** mass of the spirits
geistig intellectual
der **Geistliche, -n** clergyman
geizig stingy
gelassen calm
die **Gelassenheit, -en** calmness
das **Geld, -er** money
die **Gelegenheit, -en** opportunity
der **Geliebte, -n/die Geliebte, -n** beloved
gemein common, rotten
gemeinsam common
die **Gemütlichkeit, -en** geniality, joviality
genau exact, precise
die **Generation, -en** generation
genießen (o, o) to enjoy
die **Geographie, -n** geography
gerade exact, straight; just now
das **Geräusch, -e** noise
gerecht just, fair
das **Gericht, -e** court
gering little, small
gern gladly
die **Gesamtbevölkerung, -en** entire population
die **Gesamtliste, -n** entire, completed list
die **Gesamtschule, -n** comprehensive school
das **Geschäft, -e** business
geschändet shamed, disgraced
geschehen (a, e) to happen
das **Geschenk, -e** gift
die **Geschichte, -e** history, story
das **Geschlecht, -er** sex
geschmückt decorated
die **Geschwindigkeit, -en** speed, velocity
die **Geschwister** (*pl.*) brother(s) and sister(s)
die **Geselligkeit, -en** sociability, good fellowship, conviviality
die **Gesellschaft, -en** society; party, social gathering
gesellschaftlich social
das **Gesellschaftsspiel, -e** party game
die **Gesellschaftswissenschaft, -en** social science
das **Gesetz, -e** law
gesetzlich lawful, legal
das **Gesicht, -er** face
das **Gespräch, -e** conversation
die **Gestaltung, -en** formation, shaping, fashioning; **die kunstwissenschaftliche Gestaltung** creative arts
der **Gesundheitsdienst, -e** health service
das **Gesundheitsproblem, -e** health problem
das **Gewächshaus, ¨er** hothouse
gewaltig violent
die **Gewerkschaft, -en** union
das **Gewicht, -e** weight
gewinnen (a, o) to win, gain
gewiß certain
das **Gewissen** conscience
gewöhnlich usually
der **Glaube, -n** faith
glauben to believe
gleich equal, like
die **Gleichberechtigung, -en** equal rights
gleichgültig indifferent
die **Gleichgültigkeit, -en** indifference
die **Gleichstellung, -en** equality
die **Glocke, -n** bell
glotzen to stare
das **Glück, -e** luck, fortune, happiness
der **Gott, ¨er** god
grau gray
greifen (i, i) to grasp
die **Grenze, -n** border
(das) **Griechenland** Greece
die **Großmacht, ¨e** super power
die **Großstadt, ¨e** large city
die **Großstadtstimmung, -en** mood of a big city
grün green
der **Grund, ¨e** ground, reason
gründen to found
der **Gründer, -/die Gründerin, -nen** founder
das **Grundgesetz, -e** Basic Law
der **Gründonnerstag** Maundy or Holy Thursday
die **Grundschule, -n** primary school
die **Gründung, -en** founding
das **Grüne** nature, countryside
die **Grünfläche, -n** green areas
die **Gruppe, -n** group
der **Gruß, ¨sse** greeting
das **Gut, ¨er** property; (*pl.*) commodities, merchandise
der **Gymnasiast, -en/die Gymnasiastin, -nen** pupil at a *Gymnasium*
das **Gymnasium, -ien** high school
der **Gymnasiumsabschluß, ¨sse** graduation examination in the *Gymnasium* (see **das Abitur**)

H

haarsträubend hair-raising
hacken to cut
die **Hafenstadt, ¨e** port city
die **Halbtagstätigkeit, -en** part-time work
die **Hälfte, -n** half
halten (ie, a) to hold; **halten für** to consider to be
der **Handarbeiter, -/die Handarbeiterin, -nen** worker; craftsperson
der **Handel, ¨** trade
handeln von to be about
das **Handelsmaterial, -ien** trade material
die **Handelsschule, -n** commercial school
das **Händeschütteln** shaking hands
die **Handlung, -en** plot
das **Handwerk, -e** craft, trade
der **Handwerker, -/die Handwerkerin, -nen** tradesperson, worker
handwerklich pertaining to a craft; do-it-yourself
häufig frequent
das **Hauptfach, ¨er** main subject (of study)
die **Hauptfigur, -en** main character
der **Häuptling, -e** chieftain
der **Hauptpunkt, -e** main point
hauptsächlich mainly
der **Hauptschulabschluß, ¨sse** completion of *Hauptschule*
die **Hauptschule, -n** intermediate school
die **Hauptstadt, ¨e** capital city
der **Hausbewohner, -/die Hausbewohnerin, -nen** tenant
der **Haushalt, ¨er** household
die **Haushaltspflicht, -en** household duty
die **Hauswirtschaft, -en** homemaking
die **Hauswirtschafterin, -nen** housekeeper
die **Hautfarbe, -n** skin color
das **Heer, -e** army
heidnisch heathen
heikel touchy, difficult
heil hail (greeting)

heilig holy
die **Heimat, -en** homeland
heimatlos homeless
der **Heimatstaat, -en** home state
die **Heimatstadt, ⸚e** home city
das **Heimweh, -e** homesickness
heizen to heat
das **Heizöl** heating oil
der **Held, -en** hero; **die Heldin, -nen** heroine
das **Herbstfest, -e** autumn festival
der **Herd, -e** range, stove
herkommen (a, o) to come from
das **Herkommen** origin
die **Herkunft, ⸚e** origin
der **Herr, -en** gentleman; **die Herrin, -nen** lady
das **Herrenoberhemd, -e** man's shirt
die **Herrschaft, -en** control, rule
herstellen to manufacture
herumkommen (a, o) to get around
die **Herzlichkeit, -en** cordiality
heute today
heutig present-day
heutzutage nowadays
hierzulande in this country
die **Hilfe, -n** help
die **Hilfsbereitschaft, -en** helpfulness
der **Himmel, -** heaven, sky
hinbauen to put up, build (carelessly)
hinterlassen (ie, a) to leave behind
der **Hirsch, -e** stag
der **Hirte, -n** herdsman; **die Hirtin** shepherdess
hoch high
die **Hochschule, -n** tertiary-level educational institution
die **Hochschulreife** completion of *Gymnasium,* giving access to a *Hochschule*
höchstbezahlt highest paid
die **Hochzeit, -en** wedding
die **Hoffnung, -en** hope
die **Höhe, -n** height
das **Holz** wood
hübsch pretty
die **Hügellandschaft, -en** hilly landscape
human humane
der **Humor** humor

I

idealisiert idealized
die **Idee, -n** idea
immer always
der **Imperialismus, -men** imperialism
der **Indianer, -** Indian
das **Indianerbild, -er** image of Indians
die **Individualität, -en** individuality
die **Industrie, -n** industry
das **Industriegebiet, -e** industrial area
industriell industrial
der **Ingenieur, -e/die Ingenieurin, -nen** engineer
die **Ingenieurwissenschaft, -en** engineering
der **Inhalt** content
innen on the inside; **von innen her** from the inside out
der **Innenminister, -** Minister of the Interior
die **Insel, -n** island
insgesamt together, entirely
der **Installateur, -e/die Installateurin, -nen** one who installs plumbing, wiring, heating, etc. in buildings
das **Interesse, -n** interest
sich **interessieren für** to be interested in
das **Interview, -s** interview
interviewen to interview
der **Interviewer, -/die Interviewerin, -nen** interviewer
inwieweit to what extent
irgendein some
irgendwann sometime, some time or other
irgendwie somehow
irreleiten to mislead
isoliert isolated
(das) **Italien** Italy

J

die **Jacht, -en** yacht
jagen to hunt
das **Jahr, -e** year
der **Jahrestag, -e** anniversary
das **Jahrhundert, -e** century
jährlich yearly
das **Jahrzehnt, -e** decade
je of each
jedenfalls in any case
jeder each, every
der **Journalist, -en/die Journalistin, -nen** journalist
das **Jubiläum, -en** jubilee; commemorative celebration
der **Jude, -n/die Jüdin, -nen** Jew
die **Jugend,** youth
jugendlich youthful
der **Jugendliche** youth, young person
(das) **Jugoslawien** Yugoslavia
der **Junge, -n** boy
die **Jura** law (as a subject of study)

K

der **Kaffee, -s** coffee
das **Kaiserreich, -e** empire
der **Kalender, -** calendar
der **Kampf, ⸚e** battle, struggle
kämpfen to fight
der **Kanzler, -/die Kanzlerin, -nen** chancellor
kaputtmachen to destroy
der **Karfreitag, -e** Good Friday
die **Karikatur** caricature, cartoon
der **Karnival, -s** carnival
der **Kasten, -** box
katholisch catholic
kaufen to buy
die **Kaufkraft, ⸚e** purchasing power
die **Kaufleute, -n** merchants
der **Kaugummi** chewing gum
kaum hardly
kennenlernen to get to know
die **Kenntnis, -se** knowledge
die **Kernenergie, -n** nuclear energy
die **Kerze, -n** candle
die **Kette, -n** chain; necklace
das **Kind, -er** child
der **Kindergärtner, -/die Kindergärtnerin, -nen** kindergarten teacher
das **Kinderfest, -e** children's festival
der **Kinderspielplatz, ⸚e** playground
die **Kindheit, -en** childhood
das **Kino, -s** movie theater
die **Kirche, -n** church
der **Kirchenvater, ⸚** church father
kirchlich church
der **Kittel, -** smock
klagen to complain
die **Klasse, -n** class
die **Klassenarbeit, -en** test
der **Klassenkamerad, -en/die Klassenkameradin, -nen** classmate
das **Klassenzimmer, -** classroom
das **Kleid, -er** dress
die **Kleidung, -en** clothing
klein small
die **Kleinstadt, ⸚e** small town
klettern to climb
das **Klima, -s** climate
klingen to sound
klopfen to knock
der **Knecht, -e** servant
die **Kneipe, -n** bar
das **Koalitionsrecht, -e** right to form a coalition
der **Koch, ⸚e** cook
das **Kochbuch, ⸚er** cook book
kochen to cook, boil
der **Kochtopf, ⸚e** pot
die **Kohle, -n** coal
der **Kollege, -n/die Kollegin, -nen** colleague
die **Kolonialisation, -en** colonization
komisch strange
der **Kommissar, -e/die Kommissarin, -nen** police inspector
der **Kommunist, -en/die Kommunistin, -nen** communist
kompliziert complicated
der **Komponist, -en/die Komponistin, -nen** composer
der **Konflikt, -e** conflict
königlich kingly, royal
das **Königreich, -e** kingdom
die **Königstochter, ⸚** princess
konspirieren to conspire
die **Konsumgesellschaft, -en** consumer society
der **Kontakt, -e** contact
das **Konzentrationslager, -** concentration camp
die **Korrespondenz** correspondence
kosten to cost
das **Kostüm, -e** costume
das **Kotelett, -e** chop, cutlet, layoff
die **Kraft, ⸚e** strength
der **Kfz-Mechaniker = der Kraftfahrzeug-Mechaniker, -/die Kfz-Mechanikerin, -nen** auto mechanic
das **Kraftwerk, -e** power plant
die **Kraftwerkabwärme** usable heat produced by a power plant
kränken to insult, hurt someone's feelings
der **Krankengymnast, -en/die Krankengymnastin, -nen** physical therapist
das **Krankenhaus, ⸚er** hospital
die **Krankenschwester, -n** nurse

die Krankenversicherung, -en health insurance
der Kranz, ¨e wreath
die Krawatte, -n necktie
der Krieg, -e war
der Krimi, -s whodunit
die Kritik, -en criticism
kritisch critical
kritisieren to criticize
die Küche, -n kitchen
die Küchenschürze, -n kitchen apron
die Kuh, ¨e cow
die Kultur, -en culture
das Kulturleben cultural life
die Kulturwissenschaft, -en study of culture and civilization
sich kümmern um to care about, worry about
die Kunst, ¨e art
das Kunstgewerbe applied arts
der Künstler, -/die Künstlerin, -nen artist
kunstwissenschaftlich pertaining to aesthetics
kursivgedruckt italicized
die Kurzform, -en short form
kürzlich recently

L

lächeln to smile
lachen to laugh
lächerlich ridiculous
die Lage, -n position
das Land, ¨er country, state (member of a federation)
die Landesbank, -en state bank
der Landesherr, -en/die Landesherrin, -nen sovereign, ruler
die Landesregierung, -en government of a **Land**
die Landkarte, -n map
die Landkommune, -n country commune
die Landschaft, -en landscape
der Landshaftsraum, ¨e landscape area
der Landsmann, die Landsleute/die Landsmännin, -nen compatriot
langweilig boring
der Lärm, -e noise
die Laterne, -n lantern
laut loud
lauten to sound; to read (a text)
leben to live
das Leben, - life
das Lebensjahr, -e year of life
der Lebenslauf, ¨e résumé, curriculum vitae
der Lebensstil, -e life style
lebhaft lively
der Lederstrumpf Leatherstocking (name of character in several of James Fenimore Cooper's novels)
ledig single
der Ledige, -n/die Ledige, -n single person
legen to put, place
lehren to teach
der Lehrer, -/die Lehrerin, -nen teacher
die Lehrkraft, ¨e teacher
der Lehrling, -e apprentice
der Leib, -er body
leiden (i, i) to suffer
leisten to perform
die Leistung, -en accomplishment
lernen to learn
der Leserbrief, -e letter from a reader to a newspaper editor
die Leute, -n people
das Lexikon, Lexika dictionary
das Licht, -er light
die Liebe, -n love
liebenswürdig charming, kind
der Liebhaber, -/die Liebhaberin, -nen lover
Lieblings- favorite
das Lieblingsfach, ¨er favorite subject of study
das Lied, -er song
lindern to alleviate, soften, make smooth
die Literatur, -en literature
die Literaturwissenschaft, -en literary criticism
literweise by the liter
der Lohn, ¨e wage
das Lokal, -e pub, tavern
losen to draw lots
lösen to solve
die Lösung, -en the solution
die Lücke, -n gap, blank
die Luft, ¨e air
die Luftverschmutzung, -en air pollution
die Luftwaffe, -n air force
lustig merry

M

machen to do, make
die Macht, ¨e power
das Mädchen, - girl
mal once, once in a while
das Mal, -e time, occasion
der Maler, -/die Malerin, -nen painter
die Malerei painting
man one, you
mancher many a, many
manchmal sometimes
die Mandel, -n almond
der Mangel, ¨ lack; **der Mangel an** the lack of
der Mann, ¨er man
der Männerberuf, -e men's profession
die Männersache, -n men's business
männlich male
die Marine, -n navy
die Maschinenfabrik, -en machine factory
der Maschinenschlosser, -/die Maschinenschlosserin, -nen mechanic
die Maske, -n mask
massenhaft tons of, lots of
die Massenversammlung, -en mass meeting
der Materialismus materialism
die Mathematik mathematics
der Maurer, -/die Maurerin, -nen bricklayer, mason
die Medizin medicine
die Mehrzahl majority
meinen to mean
die Meinung, -en opinion
die Meinungsgruppe, -n group formed according to shared opinion
meistens usually, mostly
der Meister, -/die Meisterin, -nen senior craftsperson
melden to report
sich melden to report
melken to milk
die Menge, -n group, crowd
der Mensch, -en human being
das Menschenrecht, -e human right
merkwürdig strange, noteworthy
messen (a, e) to measure
das Meßgewand, ¨er vestment
die Miete, -n rent
mieten to rent
die Mietwohnung, -en rented apartment
die Milch milk
militärisch miltary
die Milliarde, -n billion
das Mischbrot, -e mixed-grain bread
der Mist manure; (*sl.*) junk, waste
das Mitbestimmungsgesetz, -e codetermination law
das Mitglied, -er member
mitspielen to join in a game; (*fig.*) play a part in, play along
mitteilen to communicate
das Mittel, - means, method
das Mittelgebirge, - subalpine mountains
mittelgroß medium-sized
die Mittellage, -n central position
der Mittelpunkt, -e central point
der Mitverschworene, -n/die Mitverschworene, -n co-conspirator
die Mobilmachung, -en mobilization
das Modalverb, -en modal auxiliary verb
die Mode, -n style, fashion
das Modell, -e model
modernisieren to modernize
das Mofa, -s moped
mögen (o, o) to like
möglich possible
möglichenfalls if possible
die Möglichkeit, -en possibility
die Moment, -e moment; **Moment mal** just a minute
der Monarchist, -en/die Monarchistin, -nen monarchist
monatlich monthly
der Monteur, -e/die Monteurin, -nen assembly worker
der Morgen, - morning
morgenländisch oriental
motivieren to motivate
mulmig strange, funny
mündlich oral
der Musiker, -/die Musikerin, -nen musician
das Museum, -en museum
der Mut courage

N

nachahmen to imitate
der Nachbar, -n/die Nachbarin, -nen neighbor
die Nachbarschaft, -en neighborhood
nachdem after
das Nachdenken reflection, thinking

die Nachfrage, -n inquiry
nachfragen to inquire
nachher afterwards
die Nachrichten (*pl.*) news
die Nachrüstung, -en increased armaments
nachschlagen (u, a) to look up
nächst next
der Nachteil, -e disadvantage
nah near
die Nähe, -n vicinity
sich nähren to nourish oneself; to earn one's living
der Name, -n name
das Narrenfest, -e festival of fools
närrisch foolish
die Nase, -n nose; **die Nase voll haben** to be fed up
der Nationalist, -en nationalist
die Nationalität, -en nationality
der Nativist, -en/die Nativistin, -nen nativist
der Naturfreund, -e/die Naturfreundin, -nen friend of nature
natürlich natural
die Natürlichkeit, -en naturalness
die Naturwissenschaft, -en natural science
die Nazizeit, -en Nazi era
der Nebenfluß, ⸚sse tributary river
nehmen (a, o) to take
nennen (a, a) to name
der Nerv, -en nerve; **einem auf die Nerven fallen** to get on one's nerves
nett nice
neu new
der Neubau, -ten new building
die Neuheit, -en novelty
neulich recently
die Neuplanung, -en city planning
nicht mal not even
nichts nothing
niederdrücken to press down, suppress
die Niederlage, -n defeat
die Niederlande Netherlands
(das) Niedersachsen Lower Saxony
das Niveau, -s level, class
der Nobelpreisträger, -/die Nobelpreisträgerin, -nen Nobel Prize winner
noch still
noch einmal again
das Nomen, Nomina noun
norddeutsch north German
der Norden north
die Nordsee North Sea
das Normalbenzin regular gasoline
die Normandie Normandy
(das) Norwegen Norway
die Not need, necessity
die Notbremse, -n emergency brake
nötig necessary
notwendig necessary
notwendigerweise necessarily
die Nuklearwaffe, -n nuclear weapon
nutzlos useless
die Nutzlosigkeit, -en uselessness

O

obgleich although
der Obstgarten, ⸚ orchard
obwohl although
offen open
öffnen to open
öffentlich public
oft often
ohne without
das Oktoberfest famous Bavarian festival, held in October
die Ölpreisexplosion, -en explosion of oil prices
das Opernhaus, ⸚er opera house
ordentlich orderly; **ordentlicher Professor** regular university professor
die Ordnung, -en order
die Orientierung, -en orientation
der Ort, -e place
der Osten East
das Osterei, -er Easter egg
das Ostergeschenk, -e Easter gift
der Osterhase, -n Easter rabbit
(das) Österreich Austria

P

der Papst, ⸚e pope
die Partei, -en party
der Partner, -/die Partnerin, -nen partner
die Partnerschaft, -en partnership
passen to fit
passend suitable
der Patriotismus patriotism
die Pause, -n break
der Peiniger, -/die Peinigerin, -nen torturer
die Person, -en person
das Personal personnel
persönlich personal
der Pfälzer, -/die Pfälzerin, -nen an inhabitant of the Palatinate, an area in the Rhineland
das Pfannengebäck, -e deep-fried pastry
das Pferd, -e horse
das Pfingsten Pentecost
die Pflicht, -en duty
der Pflichtkurs, -e required course
der Pflug, ⸚e plow
die Phase, -n phase
die Philologie, -n philology
der Philosoph, -en/die Philosophin, -nen philosopher
die Philosophie, -n philosophy
die Phrase, -n phrase
der Physiker, -/die Physikerin, -nen physicist
das Picknick, -s picnic
planen to plan
die Plantage, -n plantation
die Planung, -en planning
der Plural, -e plural
die Politik, -en politics
der Politiker, -/die Politikerin, -nen politician
politisch political
die Polizei police
der Polizist, -en policeman; **die Polizistin, -nen** policewoman
polnisch Polish
die Popkultur, -en pop culture
populär popular
das Porträt, -e portrait
prägen to stamp
praktisch practical
praktizieren to practice
der Präsident, -en/die Präsidentin, -nen president
(das) Preußen Prussia
prima great
die Primarstufe, -n primary education; primary level
der Prinz, -en prince
die Prinzessin, -nen princess
das Privateigentum, ⸚er private property
pro per
das Problem, -e problem
problematisch problematic
das Produkt, -e product
der Professor, -en/die Professorin, -nen professor
der Protestant, -en/die Protestantin, -nen Protestant
protestieren to protest
das Prozent, -e percent
der Prozentsatz, ⸚e percent
der Prozentteil, -e percent
die Prozentverteilung, -en percentile distribution
die Prozession, -en procession
der Prozessionsweg, -e path of the procession
die Prüfung, -en exam
der Punkt, -e point, item
putzen to clean
das Pyramidenrätselspiel, -e pyramid crossword puzzle

Q

das Quadrat, -e square
qualifizieren to qualify
die Qualität, -en quality
der Qualitätswein mit Prädikat top-quality wine with distinction

R

sich rächen to take vengeance
das Radiogerät, -e radio set
raffiniert refined, clever
die Rakete, -n missile
das Rakett, -s racquet
rasend raving; furious; mad, frantic
das Rassenproblem, -e racial problem
raten to guess
räuberisch thievish
der Raum, ⸚e space
reagieren auf to react to
die Reaktion, -en reaction
realistisch realistic
die Realschule, -n secondary school
der Realschüler, -/die Realschülerin, -nen pupil at a Realschule
das Recht, -e right, law; **Recht haben** to be right
rechtlich legal
der Rechtsanwalt, ⸚e/die Rechtsanwältin, -nen lawyer

der Redakteur, -e/die Redakteurin, -nen editor
die Redemittelliste, -n list of rhetorical, conversational devices
reden to speak
redlich honest
die Reduktion, -en reduction
der Reformierte, -n/die Reformierte, -n Calvinist
der Reformversuch, -e reform attempt
rege exciting, vivid, lively
die Regel, -n rule
der Regen, - rain
die Regierung, -en government
die Rehabilitation, -en rehabilitation
der Reichstagsbrand burning of German Parliament in 1933
der Reichtum, ¨er wealth
die Reihe, -n row
rein pure
die Reinigung, -en cleaning
die Reise, -n journey
die Reisebeschreibung, -en travelogue
reisen to travel
das Reiseziel, -e goal of a trip
der Reiz, -e attraction, charm
die Reklame, -n advertising
das Reklamelächeln stereotypical, phony smile
religiös religious
renoviert renovated
die Renovierung, -en renovation
die Rente, -n pension
der Rentner, -/die Rentnerin, -nen pensioner
die Reparatur, -en repair
die Reparaturwerkstatt, ¨e repair shop
das Restaurant, -e restaurant
die Restaurierung, -en restoration
das Resultat, -e result
sich richten gegen to be directed against
richtig right, really
der Riesenerfolg, -e gigantic success
riesengroß tremendous, gigantic
riesig enormous, huge; (*coll.*) terrific
das Rind, -er ox, cow; (*pl.*) cattle
das Risiko, -ken risk
der Risikofaktor, -en risk factor
der Rohstoff, -e raw material
die Rolle, -n role
der Roman, -e novel
der Romanschriftsteller, -/die Romanschriftstellerin, -nen novelist
romantisch romantic
die Rosine, -n raisin
rüberfliegen (o, o) to fly over
die Ruhe, -n peace, quiet
das Ruhrgebiet, -e Ruhr area
die Rülpsi-Cola, -s burp cola
der Russe, -n Russian
die Rute, -n switch

S

das Saargebiet Saar area
das Sachbuch, ¨er nonfiction book
die Sage, -n myth, saga
sagen to say
der Sängerchor choir
die Sanierung, -en restoration
der Satz, ¨e sentence
die Sauberkeit cleanliness
saufen (o, o) to drink (of animals); (*coll.*) to guzzle, hit the bottle
sausen to rush (as water); to howl (as wind); (*coll.*) to rush, race
die S-Bahn, -en (die Schnellbahn, -en) city or suburban railway
der Schaden, ¨ damage
das Schaf, -e sheep
der Schäfer, - shepherd; **die Schäferin, -nen** shepherdess
schaffen to achieve, make
die Schande, -n shame, disgrace
schätzen to appraise, assess
die Schau, -en show
schauen to look
das Schaufenster, - show window
der Schaumwein, -e champagne
scheinen (ie, ie) to seem, shine
schenken to give
schicken to send
das Schilaufen skiing
das Schisegeln ski-sailing
das Schispringen ski-jumping
schlank slender
schlau clever
schlecht bad
schließlich finally
das Schlittschuhlaufen ice-skating
der Schluß, ¨sse end, completion
der Schmorbraten braised steak
der Schmuck, die Schmuckstücke jewelry
schon already
schön beautiful
die Schraube, -n screw, bolt
der Schreck, -en fright
schreiben (ie, ie) to write
der Schriftsteller, -/die Schriftstellerin, -nen author, writer
der Schritt, -e step
schuften to work hard
der Schulabgänger, -/die Schulabgängerin, -nen one who has completed secondary school
die Schulausbildung, -en education
die Schulberatung, -en school counselling services
die Schule, -n school (refers only to primary and secondary schools)
der Schüler, -/die Schülerin, -nen school student
das Schulgesetz, -e education law
die Schulpflicht, -en compulsory education
die Schulreform, -en school reform
das Schulsystem, -e school system
die Schulzensur, -en grade, mark (at school)
die Schürze, -n apron
das Schützenfest, -e shooting match
schwach weak
die Schwäche, -n weakness
der Schwachsinn imbecility
schwarz black
schwer heavy
die Schwierigkeit, -en difficulty
sechziger sixties
der See, -n lake
die Seelandschaft, -en ocean landscape
segeln to sail
die Sehenswürdigkeit, -en interesting sight; thing or place worth seeing
sehr very
seitdem since
die Seite, -n page, side
der Sekt, -e champagne
die Sekte, -n sect
die Sekundarstufe, -n secondary level of education
selbst self, even
selbständig independent, self-supporting
das Selbstbewußtsein self-confidence
die Semesterferien semester break
senden to broadcast
die Sendung, -en broadcast
(das) Serbien Serbia
der Sessel, - easy chair
die Sicherheit, -en security
siebziger seventies
die Siedlung, -en settlement
der Sieg, -e victory
die Silberbüchse, -n silver rifle
singen (a, u) to sing
der Sinn, -e meaning
die Sitte, -n custom
die Situation, -en situation
die Sklavenarbeit, -en slave labor
sobald as soon as
sogar even
sogenannt so-called
der Sohn, ¨e son
die Solarenergie, -n solar energy
sollen to ought to; to be supposed to
das Sommerfest, -e summer festival
die Sonne, -n sun
die Sonnenfeier festival of the sun
der Sonnengott, ¨er sun god
der Sonntag, -e Sunday
sonstig otherwise
Sonstiges other, remaining things or matters
die Sorge, -n care, worry; **sich Sorgen machen um** to worry about
sorgen für to take care of
sich sorgen um to worry about
sorgfältig careful
sowjetisch Soviet
sozial social
der Sozialarbeiter, -/die Sozialarbeiterin, -nen social worker
der Sozialist, -en/die Sozialistin, -nen socialist
der Sozialpädagoge, -n/die Sozialpädogogin, -nen social educationist
die Sozialpflege, -n social work
spanisch Spanish
spannend exciting
die Spannung, -en excitement
sparsam frugal
die Sparsamkeit, -en frugality
der Spaß, ¨e jest, fun; **Spaß machen** to joke, have fun
spät late
die Spätlese grapes harvested in late fall
der Spaziergang, ¨e stroll
spazierengehen (i, a) to stroll
sperren to block, close off
das Spiel, -e game; **aufs Spiel setzen** to risk
der Spießer, -/die Spießerin, -nen bore

spinnen (a, o) to spin; (*fig.*) to be crazy
das **Spitzelwesen, -** informing system
die **Sportgelegenheit, -en** opportunity for sports
die **Sportveranstaltung, -en** sporting event
die **Sprache, -n** language
der **Sprachenstudent, -en/die Sprachenstudentin, -nen** student of languages
die **Sprachlehrmethode, -n** method of teaching a language
die **Sprachwissenschaft, -en** philology, linguistics
die **Sprechblase, -n** speech balloon
die **Sprechstundenhilfe, -n** receptionist (of a physician)
das **Sprichwort, ⸚er** proverb
der **Spruch, ⸚e** saying
der **Staat, -en** state
der **Staatsangehörige, -n/die Staatsangehörige, -n** citizen
die **Stabilität, -en** stability
die **Stadt, ⸚e** city
der **Stadtbewohner, -/die Stadtbewohnerin, -nen** city dweller
der **Stadtrand, ⸚er** edge of the city
der **Stall, ⸚e** stable
der **Standpunkt, -e** point of view
stark strong
die **Statistik, -en** statistics
statistisch statistical
stattfinden (a, u) to take place
steigen (ie, ie) to climb, rise
steigern to increase
stellen to place, put
sich **stellen** to post oneself; to present oneself
das **Stellenangebot, -e** help-wanted ad
die **Stellensuche, -n** job search
die **Stellung, -en** position, job; **zu etwas Stellung nehmen** to take a position on something
der **Stellungskrieg, -e** trench warfare
das **Stichwort, ⸚er** key word
die **Stichwortliste, -n** list of key words
der **Stil, -e** style; **im großen Stil** on a large scale
die **Stimme, -n** voice
die **Stimmung, -en** mood
stockbetrunken dead drunk
stolz proud; **stolz auf** proud of
stören to disturb
störungsfrei trouble free
die **Strafe, -n** punishment
der **Strand, ⸚e** beach, shoreline
die **Straße, -n** street
das **Straßencafé, -s** street cafe
die **Straßenecke, -n** street corner
der **Straßenlärm** street noise
streichen (i, i) to cross out
streiken to strike
das **Streikrecht, -e** right to strike
die **Streitigkeit, -en** trouble, quarrel, struggle
streng strict
das **Stück, -e** piece; play
der **Student, -en/die Studentin, -nen** student (in higher education)
das **Studentenleben** student life
der **Studienplatz, ⸚e** admittance; „place" in a university, equivalent to total student capacity
der **Studierende, -n/die Studierende, -n** student
das **Studium, -ien** study
die **Stufe, -n** step; level
die **Stunde, -n** hour
der **Stundenlohn, ⸚e** hourly wage
suchen to search for, look for
der **Süden** south
sühnen to expiate, atone
der **Supermarkt, ⸚e** supermarket
die **Süßigkeit, -en** candy, sweets
das **Symbol, -e** symbol
sympathisch likable
das **Synonym, -e** synonym
das **System, -e** system

T

die **Tabelle, -n** graph, tablet
die **Tafel, -n** blackboard
der **Tag, -e** day
täglich daily
die **Tätigkeit** work, activity
die **Taufe** baptism
die **Technologie, -n** technology
die **Teestube, -n** tea room
der **Teil, -e** part
teilen to divide, share
sich **teilen in** to divide into
die **Teilnahme** participation
teilnehmen (a, o) to participate
die **Terrorjustiz** justice of terror
das **Terrorregime** regime of terror
die **Textilindustrie, -n** textile industry
der **Thronfolger, -** heir to the crown
tief deep
das **Tiefland** lowlands
das **Tier, -e** animal
der **Tierarzt, ⸚e/die Tierärztin, -nen** veterinarian
die **Tiermedizin** veterinary medicine
der **Tischler, -/die Tischlerin, -nen** carpenter
der **Titel, -** title
die **Tochter, ⸚** daughter
das **Todesurteil, -e** death sentence
das **Tor, -e** gate
der **Totensonntag, -e** Memorial Sunday
der **Tourist, -en/die Touristin, -nen** tourist
tragen (u, a) to carry, wear
tragisch tragic
die **Transportverbindung, -en** transportation connection
der **Traum, ⸚e** dream
träumen to dream
die **Traumlandschaft, -en** dream landscape
treiben (ie, ie) to propel, push, set in motion; **Sport treiben** to play sports
treu faithful
die **Treue** faithfulness
die **Trockenbeerenauslese** wine made from raisins
der **Trost** comfort
trotzdem nevertheless, in spite of that
die **Truppe, -n** troup
der **Truthahn, ⸚e** turkey
tschüß so long (coll. and familiar)
tüchtig fit, able, capable
tun (a, a) to do, make
die **Türkei** Turkey
turnen to do gymnastics
typisch typical

U

die **U-Bahn, -en = die Untergrundbahn** subway
üben to practice
überall everywhere
übereinstimmen mit to agree with
überflüssig superfluous
überhaupt generally; at all; **überhaupt nicht** not at all
überlaut excessively loud
übernehmen to take over
überrascht surprised
übersetzen translate
der **Übersetzer, -/die Übersetzerin, -nen** translator
die **Übersetzung, -en** translation
die **Übung, -en** exercise
überseeisch overseas
übertreiben (ie, ie) to exaggerate
überwinden (a, u) to overcome
um around, about; at (with time)
der **Umbau, -ten** remodeling
umfassen to include, embrace
die **Umgangsform, -en** manners
umgeben (a, e) to surround
die **Umgebung, -en** environment
umgekehrt vice versa
umherwandern to wander around
der **Umstand, ⸚e** condition
die **Umwelt, -en** environment
die **Umweltverschmutzung, -en** environmental pollution
der **Umzug, ⸚e** procession
unabhängig independent
der **Unabhängigkeitskrieg** War of Independence
unbedingt absolutely
unbegrenzt unlimited
unbekannt unknown
unbeschwert unhampered
unbesiegt undefeated
unbrauchbar unusable, useless
unentschieden undecided
unerlaubt forbidden
unerlöslich unsolvable
unermeßlich immeasurable
der **Unfall, ⸚e** accident
ungefähr approximately
ungeheuer monstrous
ungelernt unskilled
ungelöst unsolved
die **Ungerechtigkeit, -en** injustice
ungezogen misbehaved, spoiled
ungleich unequal
das **Unheil** harm, trouble
die **Universitätsverwaltung, -en** university administration
unkompliziert uncomplicated
unnütz useless
die **Unruhe, -n** disturbance
unschön ugly
der **Unsinn** nonsense, absurdity
die **Unstabilität, -en** instability
unten below
unterbrechen to interrupt
der **Untermieter, -** subtenant
unternehmen (a, o) to undertake
das **Unternehmen, -** business

der Unternehmer, -/die Unternehmerin, -nen businessperson
der Unterschied, -e difference
unterstreichen (i, i) to underline
unterstützen to support
die Unterstützung, -en support
unwillkommen unwelcome
unzählig innumerable
unzufrieden dissatisfied
der Urheber, - cause
der Urlaub, -e vacation
die Urlaubsdauer length of vacation
die Ursache, -n cause
der Ursprung, ¨e origin
utopisch utopian

V

das Vaterland, ¨er fatherland
die Veranlassung, -en occasion
verantwortlich responsible
die Verantwortung, -en responsibility
verbieten (o, o) to forbid
verbinden (a, u) to connect
die Verbindung, -en connection
das Verbot, -e ban
verbrauchen to use up, consume
das Verbrechen, - crime
der Verbrecher, -/die Verbrecherin, -nen criminal
verbunden connected
der Verbündete, -n/die Verbündete, -n ally
verdammt damned
verdanken to owe to; to be indebted to for
verdienen to deserve, earn
verehren to honor, revere
der Verein, -e organization, club
vereinfachen to make simple
vereinigt united
die Verfassung, -en constitution
verfolgen to persecute
die Verfolgung, -en persecution
die Verfügung, -en disposition; **zur Verfügung stellen** to place at the disposal of
der Vergleich, -e comparison
vergleichen (i, i) to compare
das Verhältnis, -se relationship
verhältnismäßig relatively
der Verkäufer, -/die Verkäuferin, -nen salesperson
verlangen to demand
verlassen (ie, a) to leave
verlieren (o, o) to lose
der Verlust, ¨e loss
vermitteln to procure
die Vermittlung, -en mediation, conveyance
veröffentlichen to publish
die Verordnung, -en decree
verpflichten to obligate
verraten (ie, a) to betray
verrückt crazy
sich versammeln to assemble, gather together
verschieden various
verschlingen (a, u) to devour
verschmutzen to pollute
verschweigen (ie, ie) to conceal (through silence)
verschwinden (a, u) to disappear
der Verschwörer, -/die Verschwörerin, -nen conspirator
versprechen (a, o) to promise
das Verständnis, -se understanding
verständnisvoll understanding
versuchen to try, attempt
verteidigen to defend
sich verteidigen to defend oneself
die Verteidigung, -en defense
die Verteidigungskraft, ¨e defensive strength
verteilen to distribute
verteufelt crazy
der Vertrag, ¨e treaty, contract
vertrauen to trust
vertreiben (ie, ie) to drive away, banish
vertreten (a, e) to represent, defend (an opinion, position, accused person)
verurteilen to condemn
die Verwaltung, -en administration, government
verwenden to employ, use
verwerfen (a, o) to reject
verzerren to distort
verzichten auf to renounce; (*coll.*) to do without
die Verzierung, -en decoration
der Vetter, - male cousin
das Vieh cattle
vielfältig various, manifold
das Viertel, - quarter
der Vogel, ¨ bird
das Vokabular vocabulary
das Volk, ¨er people, nation
das Volksfest, -e fair
der Volksgerichtshof, ¨e People's Court, a special court to prosecute enemies of Nazi government
die Volkskunst, ¨e folk art
der Volksschüler, -/die Volksschülerin, -nen graduate of elementary school
die Volkssprache, -n popular speech
voll complete
die Vollbeschäftigung, -en full employment
völlig complete
von from, by; **von vorne** from the beginning
sich vorbereiten auf to prepare for
die Vorbereitung, -en preparation
die Vorbereitungszeit, -en preparation time
der Vorfahr, -en/die Vorfahrin, -nen ancestor
vorhaben to intend
vorlesen (a, e) to read aloud
das Vorrecht, -e privilege
vorschlagen to suggest
vorschreiben (ie, ie) to prescribe
sich (etwas) vorstellen to imagine; **sich (jemandem) vorstellen** to introduce oneself
der Vorteil, -e advantage
das Vorurteil, -e prejudice
das Vorwort, ¨er foreword
vorziehen (o, o) to prefer

W

wachsen (u, a) to grow
wachsend growing
das Wachstum, ¨er growth
wagen to dare
die Wahl, -en choice
wählen to select, choose
die Wählerstimme, -n vote
wahr true
während during
die Wahrheit, -en truth
wahrheitsgetreu true to life
wahrlich truly
der Wald, ¨er forest
wandern to wander
die Wanne, -n tub
warm warm
die Wärme warmth
warten to wait
die Wäsche, -n clothes
waschen (u, a) to wash
die Waschmaschine, -n washing machine
der Wechseldienst, -e fluctuating shifts
weglaufen (ie, au) to run away
sich wehren gegen to struggle against
die Wehrpflicht, -en military duty
weiblich feminine
(das) Weihnachten Christmas
der Weihnachtsbaum, ¨e Christmas tree
die Weihnachtskrippe, -n manger
die Weihnachtsliturgie, -n Christmas liturgy
der Weihnachtsmann, ¨er Santa Claus; jerk (*slang*)
das Weihnachtsspiel, -e Christmas play
die Weihnachtszeit, -en Christmas time
weil because
der Wein, -e wine
der Weinberg, -e vineyard
der Weinbrand brandy
das Weinfest, -e wine festival
das Weingut, ¨er vineyard
die Weinrebe, -n grape vine
die Weinsorte, -n type of wine
weiß white
weiter further
weitverbreitet widespread
die Welle, -n wave
die Welt, -en world
weltbekannt world-renowned
der Weltkrieg, -e world war
die Weltreise, -n trip around the world
weltwirtschaftlich pertaining to the world economy
wenig little
die Werbung, -en advertisement
die Werbesendung, -en commercial
der Werbespot, -s commercial
werden (u, o) to become
die Werkhalle, -n shop
wert worth
weshalb for what reason, why; on account of which
(das) Westpreußen West Prussia
das Wetter, - weather
der Wettkampf, ¨e match
das Wettspiel, -e match
wichtig important
widersprechen (a, o) to contradict, go against
der Widerstand, ¨e resistance

der Widerstandskämpfer, -/die Widerstandskämpferin, -nen resistance fighter
widmen to dedicate
der Wiederaufbau reconstruction
die Wiederaufbauhilfe reconstruction aid
wiederholen to repeat
wiedergutmachen to make reparation
der Windenergiekonverter, - converter of wind to energy
das Windkraftwerk, -e a power plant with wind energy source
der Windmesser, - instrument for measuring wind
die Windmühle, -n windmill
das Winterfest, -e winter festival
wirken to bring about; **wirken auf** to effect, influence
wirklich real, true
die Wirklichkeit, -en reality
die Wirkung, -en effect, influence
die Wirtschaft, -en economy
der Wirtschaftskonzern, -e corporation
die Wirtschaftskrise, -n economic crisis
wirtschaftlich economic
die Wirtschaftmacht, ⸚e economic power
die Wirtschaftswissenschaft, -en economics
das Wirtschaftswunder, - economic miracle
wissen (u, u) to know
die Wissenschaft, -en science, body of scholarly knowledge
der Wissenschaftler, -/die Wissenschaftlerin, -nen scientist, scholar
witzig funny, witty
die Woche, -n week
das Wohl benefit
wohlbedacht with forethought, deliberately
der Wohlstand, ⸚e affluence
das Wohlstandsleben prosperity
wohnen to live
die Wohnung, -en dwelling, apartment
die Wohnungsnot, ⸚e housing shortage
woher from where, whence
die Wolke, -n cloud
das Wort, ⸚er word
die Wortfamilie, -n word family
die Wortschatzübung, -en vocabulary exercise
die Wunsch, ⸚e wish
wünschen to wish
sich wünschen to wish for oneself
die Würde, -n dignity
die Wüste, -n desert

Z

die Zahl, -en number
zahlen to pay
zählen to count
der Zauber, - magic
das Zeichen, - sign
der Zeichner, -/die Zeichnerin, -nen draftsperson, designer
die Zeit, -en time
das Zeitalter, - age
die Zeitung, -en newspaper
die Zensur, -en censorship; grade (at school)
die Zentralheizung, -en central heating
zerschmettern to crush
die Zerstörung, -en destruction
das Zeug, -e material, equipment; (*coll.*) things, rubbish; **unnützes Zeug** useless nonsense
das Zeugnis, -se certificate; school report; (*pl.*) grades and diploma(s)
ziehen (o, o) to go, pull
das Ziel, -e goal
ziemlich rather, considerable
zivil civilian
die Zivilisation, -en civilization
die Zivilperson, -en civilian
die Zone, -n zone
zubereiten to prepare
das Zuchthaus, ⸚er prison
zueinander to one another
zuendeführen to finish
zuerst first, at first
zufrieden satisfied
zugeben (a, e) to admit
zugrundeliegen (a, e) to be the basis of
der Zuhörer, -/die Zuhörerin, -nen listener
zujubeln to hail
die Zukunft, ⸚e future
die Zulassungsbeschränkung, -en enrollment limitation (of a university)
zunächst at first, above all
sich zurechtfinden (a, u) to find one's way
zurückführen to lead back; **zurückführen auf** to attribute to the fact
zurückgeben (a, e) to give back
zusammen together
zusammengesetzt compounded
zusammenhängen mit (i, a) to be connected to, related to
zusammenleben to live together
der Zuschuß, ⸚sse subsidy, subvention
sich zutrauen to believe oneself capable of
der Zwang, ⸚e pressure
zwanzig twenty
der Zweck, -e purpose
der Zweig, -e branch
die Zweizimmerwohnung, -en one-bedroom apartment
zwingen (a, u) to force
zwischen between